Ich sehe dich.   Ich sehe, dass... —
Subj. Präd. Obj.

Aktuelle Texte 3

Lesen, Hören,
Diskutieren und Schreiben

Arbeitsbuch für
Deutsch als Fremdsprache

Herausgegeben von
Harald Seeger und Hans Zuleeg

D1731128

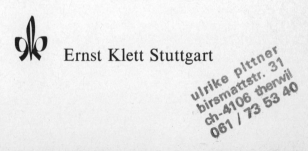

Ernst Klett Stuttgart

ulrike pittner
birsmattstr. 31
ch-4106 therwil
061 / 73 53 40

Inhalt

Im Alter

Randgruppen

Abkürzungen

Adj.	Adjektiv	Syn.	Synonym
bzw	beziehungsweise	u. a.	unter anderem
etw	etwas	*(ugs)*	umgangssprachlich
evtl	eventuell	usw	und so weiter
Ggs.	Gegensatz	vgl	vergleiche
jd	jemand	Z	Zeile
jdm	jemandem	z. B.	zum Beispiel
jdn	jemanden	*(geh)*	gehobene Sprachebene
(abw)	abwertend	*(veralt)*	veraltet, altmodisch
(poet)	poetisch	*(iron)*	ironisch
S	Seite	(Pl)	Plural

Vorwort

‚Aktuelle Texte 3' richtet sich an Ausländer mit guten Grundkenntnissen in der deutschen Sprache. Es ist vor allem geeignet für die Arbeit zu Beginn der Mittelstufe im Goethe-Institut, in Kursen an Volkshochschulen und ähnlichen Institutionen der Erwachsenenbildung, an Studienkollegs und Universitäten und im Fortgeschrittenenunterrricht an ausländischen Höheren Schulen bzw. deutschen Schulen im Ausland mit Schülern ab etwa 15 Jahre.

Grundlage der Arbeit mit ‚Aktuelle Texte 3' ist das vorliegende Arbeitsbuch und eine Cassette mit den Hörtexten. Dazu kommen ein Heft mit dem gedruckten Wortlaut der Hörtexte, mit Unterrichtshilfen und Lösungen zu den Aufgaben im Arbeitsbuch. Das gesamte Material ist so konzipiert, daß es nicht nur im Unterricht, sondern auch für das Selbststudium verwendet werden kann; in einer Lerngruppe ist es sowohl kurstragend wie auch als Zusatzmaterial einsetzbar.

In den fünf Kapiteln des Arbeitsbuches sind (teilweise leicht bearbeitete und gekürzte) Originaltexte zu aktuellen Themenbereichen zusammengestellt: Es werden wichtige Fragen der Menschheit heute (Überbevölkerung, Rationalisierung, Automatisierung usw.), aber auch Interessen und Probleme einzelner Gruppen behandelt: Mann – Frau, Jugend, Alter, Randgruppen der Gesellschaft. Zu jedem Thema sind verschiedene Textsorten zusammengestellt, so daß jede Thematik aus verschiedenen, oft konträren Blickwinkeln betrachtet werden kann. Um eine breitere Perspektive zu bieten, wurden in das zweite und dritte Kapitel auch Texte aufgenommen, die sich nicht nur auf die europäische Situation beziehen. Allerdings kann es nicht das Ziel der Sammlung sein, inhaltliche Vollständigkeit in der Behandlung eines Problembereiches anzustreben.

Bei der Textauswahl wurden folgende Kriterien berücksichtigt:

1. Der Inhalt eines Textes muß möglichst konkret sein, er soll Vorgänge und/oder Beobachtungen beschreiben, zu denen der Kursteilnehmer sich äußern kann.

   Oft gehören mehrere Texte inhaltlich eng zusammen, so daß es sich empfiehlt, nach der Durchnahme einer solchen Textgruppe eine zusammenfassende Diskussion über das angeschnittene Problem (z. B. Erziehung im Kapitel „Jugend", Lage der Frau im Kapitel „Sie und Er", Strafvollzug im Kapitel „Randgruppen") durchzuführen.

2. Die Texte innerhalb eines Kapitels stehen in einer inhaltlichen Progression, die es ermöglicht, die Texte in der Reihenfolge des Kapitels zu be-

handeln. Doch müssen keineswegs alle Texte eines Kapitels behandelt werden; auch sind neue Zuordnungen über die Kapitel hinweg möglich. So kann z. B. der Text über Frühehen im Kapitel „Jugend" im Zusammenhang mit Texten über die Ehe im Kapitel „Sie und Er" behandelt werden. Ebenso ist es möglich, die Texte über „Streetworker" und „Zufrieden durch Schafe" aus dem Kapitel „Randgruppen" mit anderen Texten aus dem Kapitel „Jugend" durchzunehmen.

3. Die Hörtexte stellen inhaltlich eine Vertiefung oder eine Variation der im vorangegangenen Lesetext angeschnittenen Thematik dar. Sie werden daher am besten im Unterricht nach den Lesetexten behandelt, wobei die Erschließung der Hörtexte sich im allgemeinen auf ein Globalverständnis beschränken sollte.

4. Sprachlich haben die Texte nicht alle den gleichen Schwierigkeitsgrad, doch wurden die Originaltexte so überarbeitet, daß sie in ihrer Syntax für einen Lernenden der Mittelstufe (etwa im Anschluß an das Zertifikat Deutsch als Fremdsprache des Deutschen Volkshochschulverbandes und des Goethe-Instituts) erschließbar sind; der Wortschatz ist so weit vereinfacht, daß der Lernende mit Hilfe der Worterklärungen und Wortschatzübungen den Text erarbeiten kann. Der Zertifikatswortschatz und der „Grundwortschatz Deutsch" von Heinz Oehler werden als bekannt vorausgesetzt.

,Aktuelle Texte 3' soll den Umgang mit authentischen Texten schulen. Dementsprechend ist der Übungsteil angelegt: Im Unterschied zu ,Aktuelle Texte 1 und 2' wird hier besonderes Gewicht sowohl auf die Förderung von Lese- wie auch Hörverstehen gelegt. Der Erschließung der Texte dienen auch die Übungen zum Wortschatz, gleichzeitig bereiten sie auf die folgende Diskussion vor. Auch die Fertigkeiten des Sprechens und Schreibens werden ausgiebig geübt (Interviews, Übungen zur Argumentation und schriftliche Zusammenfassung, Brief usw.).

Mit ,Aktuelle Texte 3' liegen damit Unterrichtsmaterialien vor, die der Schulung von Lese- und Hörverstehen, Sprech- und Schreibfertigkeit im Mittelstufenunterricht dienen.

Zwischen gestern und morgen

1 Leben heute – Leben vor 100 Jahren

Meinungen von Jugendlichen

Das Leben in der heutigen Zeit ist besser und freier. Dies gilt für fast alle Bereiche. Der Wohlstand ist beträchtlich angewachsen, und wir genießen
5 den Vorteil einer besseren Bildung. Diese Bildung gibt uns Macht, die früher nur in den Händen von wenigen Menschen lag, und ermöglicht es uns, direkt an der Wirtschaft und an der
10 Politik teilzunehmen und dadurch den eigenen Wohlstand zu verbessern. Durch diese Bildung sind wir auch in gewisser Weise freier geworden. Dies wirkt sich schon in der Familie aus.
15 Heute gibt es kaum noch Familien, in denen die Frau oder ältere Kinder dem Familienvater untergeordnet sind.

Andreas Linke, 14 Jahre
☆

Schlechter waren vor hundert Jah-
20 ren die äußeren Lebensumstände, zu denen man z.B. das Ernährungs-, das Wohnungs- und das Gesundheitswesen rechnet. In diesem Sinn könnte man sagen: Es ging den Leuten damals
25 schlechter. Aber: Der heutige Mensch hat zwar gegenüber seinen Vorfahren des Jahres 1875 den Vorteil einer zentralbeheizten Wohnung oder des Penicilins, doch steht er mehr denn je
30 unter den Zwängen unserer Produk-

tionsverhältnisse. Die Folgen machen sich bemerkbar in der Entfremdung – nicht nur der Selbstentfremdung des Arbeiters – sondern auch der Ent-
35 fremdung der Menschen untereinander und in der Vereinsamung des einzelnen in der Masse.

Michael Huhn, 18 Jahre

☆

Viele der früheren Mißstände sind heute weitgehend abgeschafft: Die
40 schlechten Arbeits- und Lebensbedingungen der Arbeiter, Bauern und niederen Angestellten, die Standesgrenzen, die totale Abhängigkeit der
45 Frau, die doppelgesichtige Moral, die blutleere Etikette, die strenge Haus- und Schulerziehung, der unmenschliche Strafvollzug, die Lüge vom Ehrentod fürs Vaterland und vieles mehr.
50 Doch gibt es neue Mißstände: Monotonie am Arbeitsplatz durch Rationalisierung und Automatisierung; die Unsicherheit des Arbeitsplatzes hat sich vergrößert. Die alte bürgerliche
55 Moral ist zwar abgelöst, aber die Kriminalität ist so hoch wie nie zuvor. Die sexuelle Befreiung hat das geschlechtliche Ausleben möglich gemacht, aber dabei die wahre Liebe vergessen.

Klaus Seibt, 20 Jahre

Nach: *Zeitlupe: Zwänge in neuer Form, Was sich in den letzten hundert Jahren geändert hat, Die Zeit*, Nr. 44, 24. Oktober 1975 – *Die Originalüberschrift wurde geändert.*

Worterklärungen

das Ernährungswesen *hier:* die Bedingungen und Umstände für die Versorgung der Menschen mit Essen und Trinken – **die Vorfahren** die Verwandten früherer Generationen – **mehr denn je** mehr als früher – **die Vereinsamung** jd ist oder fühlt sich mehr und mehr allein – **die Standesgrenze,-n** die Grenze der gesellschaftlichen, sozialen und beruflichen Stellung – **die Etikette** die gesellschaftlichen Formen, in denen Menschen miteinander umgehen, z. B. Regeln der Höflichkeit usw. – **der Strafvollzug** die Art und Weise, wie die Bestrafung einer kriminellen Tat durchgeführt wird

Übung zum Wortschatz

Erklären Sie folgende Ausdrücke aufgrund der Wortbildung und/oder des Kontextes.

1. ermöglichen (Z 8) 2. sich auswirken (Z 14) 3. untergeordnet sein (Z 17–18) 4. die Entfremdung (Z 32) 5. der Mißstand (Z 38) 6. Ehrentod (Z 48–49) 7. geschlechtliches Ausleben (Z 57–58)

Übung zum Verständnis der Texte

Beantworten Sie die folgenden Fragen zu jedem Leserbrief und machen Sie sich dazu Stichworte.

1. Wofür nimmt der Leserbrief Stellung (für ein Leben heute oder vor 100 Jahren)?
2. Wie ist die Argumentation aufgebaut? In welcher Reihenfolge werden Argumente für oder gegen das Leben heute bzw. vor 100 Jahren verwendet? Wieviele Zeilen werden für die jeweiligen Argumente gebraucht?
3. Stammen die Argumente nur aus einem, zwei oder mehreren Bereichen?

Fragen zur Diskussion

1. Welcher Leserbrief gefällt Ihnen am besten aufgrund des Aufbaus und der Argumentation? Welcher am wenigsten? Warum?
2. Suchen Sie alle Argumente aus den Texten, die für ein Leben vor 100 Jahren sprechen. Finden Sie weitere Argumente. Ordnen Sie nach der Wichtigkeit.

3. Suchen Sie alle Argumente aus den Texten, die für ein Leben heute sprechen. Finden Sie weitere Argumente. Ordnen Sie auch hier nach der Wichtigkeit.
4. Welche Argumente unter Punkt 2 können Sie mit solchen unter Punkt 3 oder mit eigenen Argumenten entkräften (und umgekehrt)?

Sprechen und Schreiben

I. Halten Sie anhand der oben gesammelten Argumente eine kleine Rede für ein Leben vor 100 Jahren/ein Leben heute.

II. Schreiben Sie selbst einen längeren Leserbrief zu diesem Thema.

2 Steht die Menschheit vor dem Selbstmord?

Die Menschen stehen dem Überleben der Menschheit im Wege. Immer schneller wächst ihre Zahl; immer mehr Kinder werden geboren, für die es nie genug zu essen geben wird, die niemals Arbeit finden werden oder ein Dach über dem Kopf. Jeden Tag wächst die Erdbevölkerung um 250000 Men-
5 schen. Aber die Erde wächst nicht mit, und unverändert klein bleiben die Rohstoffreserven. Schon heute lebt ein Großteil der Menschheit ein Leben ohne Hoffnung auf eine bessere Zukunft. Wie wird es morgen sein?
Von 1975 bis 2075 wird die Bevölkerung Europas wahrscheinlich um die Hälfte zunehmen, die Nordamerikas, der UdSSR und Ostasiens um das Vier-
10 fache, Lateinamerikas um das Fünffache und die Afrikas um beinahe das Sechsfache.
Wie sollen aber in Zukunft dreimal so viele Menschen menschenwürdig leben, wenn dies mit weniger Menschen nicht einmal heute gelingt? Die vielen Attacken auf unsere Umwelt haben bereits jetzt einem großen Teil der
15 Menschheit ihren Lebensraum, ihre Gesundheit und die Möglichkeit zum Leben genommen. Schon heute leidet die Hälfte der Menschheit Hunger, schon heute sterben 70 Millionen im Jahr an den Folgen der Unterernährung. Ein Drittel der arbeitsfähigen Menschen in der Dritten Welt hat schon heute keine Arbeit, 300 Millionen Arbeitsuchende werden in den nächsten zehn
20 Jahren hinzukommen.
Wie kommt es zu dieser Explosion? Schuld daran ist vor allem der medizinische Fortschritt. Immer mehr Menschen überleben die ersten kritischen

8

Jahre nach der Geburt, immer mehr Menschen werden immer älter, immer
größer wird vom Alter her der Teil derer, die Kinder bekommen können.
25 Deshalb gibt es, wenn wir verhindern wollen, daß die Menschheit an sich selber zugrunde geht, in Hunger und Hoffnungslosigkeit, nur einen Ausweg:
Das Bevölkerungsproblem muß gelöst werden.

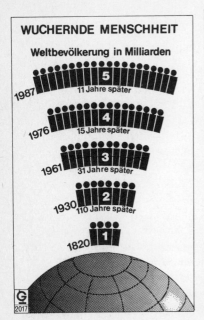

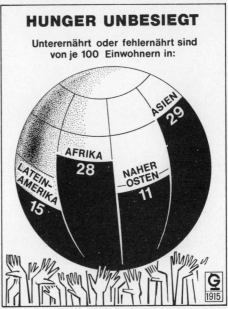

So paradox es klingen mag: Die Begrenzung der Bevölkerungsexplosion in
der Dritten Welt muß mit einer Steigerung des Bevölkerungswachstums be-
30 ginnen. Ein Rückgang des Wachstums läßt sich nur durch das Überleben von
mehr Babys erreichen – und durch die Emanzipation der Frau. Solange eines
von vier Kindern in Afrika stirbt, ehe es ein Jahr alt ist, solange von den Kindern, die heute in Lateinamerika geboren werden, 75 Millionen vor allem an
Unterernährung sterben, ehe sie 5 Jahre alt sind, solange ein indisches Ehe-
35 paar 6,3 Kinder in die Welt setzen muß, wenn es sicher sein will, daß mindestens ein Sohn noch lebt, wenn es alt ist – solange werden die Menschen der
Dritten Welt nicht aufhören, Kinder zu produzieren. Denn für sie sind Kinder nicht nur die billigsten Arbeitskräfte, Kinder sind auch die einzige Altersversorgung. Das bedeutet: Durch bessere Ernährung, durch intensivere me-
40 dizinische Versorgung müssen mehr Kleinkinder am Leben erhalten werden,
damit weniger Kinder geboren werden müssen.

In vielen Ländern der Dritten Welt gilt China als das große Beispiel. China, das anscheinend nicht nur seine ökonomischen, sondern auch seine bevölkerungspolitischen Probleme lösen kann. In der Tat wurde dort mit dem inhu-
45 manen Mittel der Diktatur der Weg für eine humanere Zukunft bereitet. Die Methode heißt: Verzicht und Disziplin. Seit Anfang der sechziger Jahre hat die Idealfamilie nur aus vier Personen zu bestehen: aus den Eltern und zwei Kindern. Wer mehr Kinder als zwei haben will, gerät unter den Druck der Gemeinschaft. Das Mindestheiratsalter beträgt für Männer 28 Jahre, für
50 Frauen 25 Jahre, bzw. 25 und 23 Jahre auf dem Lande. Familienplanung wird vom Staat sehr unterstützt. Die wirtschaftliche Lage der Menschen ist auch im Alter gesichert, Verdienst und Versorgung hängen also nicht von der Zahl der Kinder ab, sondern werden von der Gemeinschaft garantiert.

Eine bessere Zukunft wünschen sich auch die anderen Staaten der Dritten
55 Welt. Aber wären sie auch bereit, die Opfer zu bringen, die eine Diktatur wie in China verlangt? Sind sie auf Grund ihrer Traditionen dazu überhaupt geeignet, und fehlt ihnen nicht die Erfahrung der chinesischen Massen, die jedes Recht auf individuelle Entwicklung schon vor Jahrhunderten aufgeben mußten? Kein Zweifel: Wenn das chinesische Beispiel in der Dritten Welt einge-
60 führt würde, wären viele Probleme gelöst. Aber die Chance, daß dies geschieht, ist nicht sehr groß.

Es müssen daher andere Methoden gefunden werden als bisher, um Geburten zu verhindern, und es müssen neue Wege gegangen werden, damit alle Menschen an dem begrenzten Reichtum dieser Erde teilnehmen können. Wir
65 können es uns nicht mehr leisten, in der Umverteilung des Reichtums nur die Begrenzung für uns, die wir im Überfluß leben, zu sehen. Es ist vielmehr die einzige Chance, noch einmal davon zu kommen.

Eine Steigerung des Lebensstandards wird nur noch für die Armen, nicht aber mehr für die Reichen möglich sein. Wir werden teilen müssen. Nicht nur
70 den Überschuß, sondern das, was da ist. Nur dann kann es im dritten Jahrtausend noch ein Leben geben, das menschlich ist – für alle.

Nach: Gabriele Venzky, *Die Zeit,* 26. Juli 1974

Worterklärungen

der Rohstoff,-e Naturprodukt vor der Bearbeitung, z. B. Holz, Eisen, Kohle – **die Unterernährung** Zustand von jdm, der nicht ausreichend zu essen hat – **es klingt paradox** es hört sich unlogisch, widersprüchlich an – **die Steigerung,-en** *hier:* Vergrößerung – **der Rückgang** Zurückgehen, Nachlassen – **zugrunde gehen** kaputtgehen, vernichtet werden – **die Altersversorgung,-en** das Mittel, durch das die alten Leute versorgt, d. h. ernährt, gekleidet usw. werden – **der Verzicht** *Nomen zu* verzichten, etw nicht länger wollen – **geraten** *hier:* kommen – **die Umverteilung,-en** etw wird anders verteilt als bisher – **der Überfluß** etw ist weit mehr als notwendig vorhanden – **davonkommen** überleben – **der Überschuß** das, was mehr ist, als man braucht

Übungen zum Leseverständnis

I. Was ist richtig? Was ist falsch? Entscheiden Sie mit Hilfe des Textes.
(Manchmal sind auch zwei Aussagen richtig.)

1. Der Text beschäftigt sich in erster Linie
   a) mit dem Thema der Überbevölkerung der Erde;
   b) mit verschiedenen Problemen unserer modernen Welt;
   c) mit dem Problem der Geburtenkontrolle in den Entwicklungsländern.
2. Die Autorin meint: Wenn wir eine Katastrophe vermeiden wollen,
   a) müssen wir mit unseren Rohstoffen sparsamer umgehen;
   b) dürfen in Afrika nicht so viele Kinder geboren werden;
   c) müssen wir darauf achten, daß die Erdbevölkerung nicht mehr weiter zunimmt.
3. Zum Problem des Bevölkerungswachstums in der Dritten Welt stellt sie folgende Behauptungen auf:
   a) Das Bevölkerungswachstum muß sofort mit allen möglichen Mitteln gebremst werden.
   b) Die Bevölkerung muß zunächst zunehmen.
   c) Wenn mehr Kinder überleben, werden schließlich auch weniger Kinder geboren werden.
4. Die Entwicklungsländer können wahrscheinlich dem Beispiel Chinas nur schwer folgen, weil
   a) sie prinzipiell gegen die Diktatur sind;
   b) sie keine Opfer bringen wollen;
   c) sie eine andere geschichtliche Entwicklung als China hinter sich haben.
5. Damit die Menschheit nicht an der Überbevölkerung zugrunde geht,
   a) muß in allen Ländern der Dritten Welt eine Geburtenkontrolle mit diktatorischen Mitteln wie in China durchgeführt werden;
   b) muß der Reichtum dieser Welt in gleichem Maße auf alle Länder dieser Welt verteilt werden;
   c) dürfen die Reichen nicht mehr immer reicher werden, während es den Armen immer schlechter geht.

II. Vervollständigen Sie die Sätze auf der Grundlage des Textes.

1. Jeden Tag werden Kinder geboren, die nie . . . .
2. Berechnungen zeigen, daß die Bevölkerung der Erde . . . .
. . . .
3. Es gibt immer mehr Menschen auf der Erde, weil . . . .
. . . .
4. Will man eine Bevölkerungsexplosion in der Dritten Welt vermeiden,
. . . .
5. Wenn mehr Babys überleben, ...
6. Kinder werden in der Dritten Welt nicht nur als billige Arbeitskräfte, son-
dern . . . .
7. Weil China das Problem der Überbevölkerung gelöst zu haben scheint,
. . . .
8. Nur mit den Mitteln der Diktatur haben die Chinesen . . . .
. . . .
9. In China ist es praktisch verboten . . . .
. . . .
10. Die Autorin ist nicht sicher, ob die Staaten der Dritten Welt . . . .
. . . .
11. Sie stellt zum Schluß die Frage, ob sie . . . .
. . . .
12. Nur, indem der Reichtum an Rohstoffen an alle Länder gleich verteilt
wird, haben wir eine Chance, ...

Übungen zum Wortschatz

I. Erklären Sie aufgrund der Wortbildung oder des Kontextes:

1. überleben (Z 1) 2. im Wege stehen (Z 1) 3. ein Dach über dem Kopf finden (Z 3–4) 4. Begrenzung der Bevölkerungsexplosion (Z 28) 5. bevölkerungspolitisch (Z 43–44) 6. den Weg bereiten (Z 45) 7. unter den Druck der Gemeinschaft geraten (Z 48–49) 8. Mindestheiratsalter (Z 49)

II. Suchen Sie im Text alle zusammengesetzten Substantive, die a) aus zwei Nomen b) aus Adjektiv und Nomen c) aus Präposition und Nomen bestehen. Erklären Sie die Bedeutung der Zusammensetzungen aufgrund der Wortbildung.

a)	b)	c)
Erdbevölkerung	Großteil	Umwelt
. . . .	. . . .	. . . .

III. Ergänzen Sie:

Substantiv	Adjektiv/Partizip	Verbum
	kritisch	
		verändern
Emanzipation		

Finden Sie weitere 15 Wörter im Text, mit denen Sie nach obigem Muster Wörter bilden können.

Fragen zur Diskussion

1. Was ist mit der Überschrift gemeint?
2. Welche Behauptung stellt die Autorin auf? Nehmen Sie dazu Stellung.
3. Wie beurteilen Sie die Tendenz dieses Zeitungsartikels? Wie sieht die Autorin die Zukunft?
4. Gibt es Ihrer Meinung nach noch andere Möglichkeiten, das Problem der Überbevölkerung der Erde zu lösen?

Schreiben

I. Finden Sie Überschriften für die einzelnen Abschnitte; schreiben Sie dann eine kurze Zusammenfassung des ganzen Textes.
II. Schreiben Sie einen Leserbrief als Antwort auf diesen Artikel. Schreiben Sie,
   – ob Sie der Beobachtung der Autorin zustimmen,
   – welche Behauptung sie aufstellt,
   – ob Sie diese Behauptung unterstützen oder ablehnen,
   – wie Sie sich die Lösung dieses Problems vorstellen.

3 Weltraum-Kolonien: Leben im Riesenrad ⌀

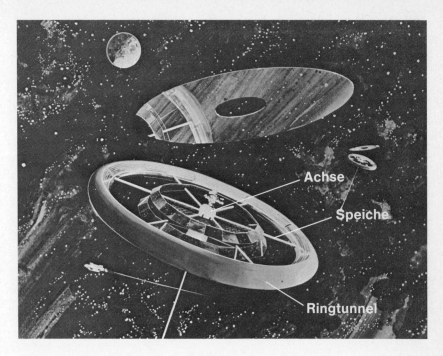

Worterklärungen

die NASA Behörde für Weltraumfahrt in den USA – **der Dia-Projektor, -en** Gerät, mit dem man Dias zeigen kann – **die Besiedlung** *hier:* Menschen ziehen in den Weltraum, um dort zu wohnen – **der Hektar** 10 000 Quadratmeter – **stammen** kommen – **die Leinwand** helles Tuch, auf dem Filme und Dias gezeigt werden – **Kap Kennedy** Ort in den USA, von dem aus Raketen und Weltraumschiffe starten – **die Quarantäne** Personen werden von der Umwelt isoliert, damit sie keine Krankheiten übertragen können bzw. keine Krankheiten auf sie übertragen werden – **desinfizieren** Krankheitserreger vernichten – **die Achse, -n** *hier:* Zentrum eines Rades – **ankoppeln** Fahrzeuge miteinander verbinden – **schwerelos** Zustand eines Körpers ohne die Schwerkraft (= Gravitation) – **der Schacht, ̈e** hoher, schmaler Raum (z. B. in Bergwerken) – **die Speiche, -n** Teil eines Rades, das von der Achse zum äußeren Teil führt – **die Haupteinnahmequelle, -n** das Mittel, womit das meiste Geld verdient wird – **knapp** etw ist nicht genug vorhanden – **die Mikrowelle, -n** elektromagnetische Welle, eine Art Radiowelle – **rentabel** *hier:* etw sorgt wirtschaftlich für sich selbst und ist deshalb unabhängig – **kosmisch** aus dem Weltraum kommend – **der Abfall, ̈e** Reste von etw, die eigentlich unbrauchbar sind – **psychisch** das, was das Seelenleben, die Gefühle betrifft

130 Meter Durchmesser hat die ungefähr 6 Kilometer lange Welt der Weltraumkolonie. Ihr „Himmel" ist aus Plastik. Das dadurch reflektierende Sonnenlicht wird abends ausgeschaltet.

Vorbereitendes Gespräch

1. Halten Sie die Weltraumfahrt für eine sinnvolle Angelegenheit? Begründen Sie ihre Meinung.
2. Glauben Sie, daß der Mensch jemals auf anderen Planeten oder Satelliten leben kann? Könnte das eine Lösungsmöglichkeit für Probleme auf der Erde sein? Für welche?

Übung zum Hörverstehen

Beantworten Sie folgende Fragen schriftlich. Lesen Sie die Fragen, bevor Sie den Text hören. Während des Zuhörens können Sie sich Stichworte aufschreiben (Notizen machen).

1. Worum ging es bei der Konferenz in den USA?
2. Wer nahm daran teil?
3. Wie soll die Weltraumstadt aussehen?

4. Wieviele Menschen sollen dort leben? Auf welcher Fläche?
5. Wo sollen die Menschen arbeiten?
6. Von wem stammt der Plan?
7. Warum hat die Weltraumstadt die Form eines Rades?
8. An welcher Stelle des Rades leben die Menschen?
9. Was geschieht mit den Passagieren, bevor sie mit dem Raumschiff starten können?
10. Wie lange dauert die Reise von der Erde zur Weltraumstadt?
11. Steht die Satellitenstadt im Weltraum still?
12. An welcher Stelle des Weltraumrades kann ein Raumschiff landen?
13. Wie erreicht man die Wohngebiete?
14. An welchen Stellen der Weltraumstadt herrscht Gravitation, wo nicht?
15. Wie sieht die Siedlung aus? Was gibt es dort?
16. Wie entsteht der Wechsel von Tag und Nacht in der Satellitenstadt?
17. Was erfahren wir über den Verkehr dort?
18. Welche Schwierigkeit hat man anfangs dort beim Gehen?
19. Sind die Wohnungen dort kleiner als auf der Erde?
20. Hat man dort das Gefühl, daß die Häuser sehr eng beieinander stehen? In welcher Weise sind sie gebaut?
21. Gibt es auch Landwirtschaft und Viehzucht? Wo?
22. Wo befinden sich die Fabriken? Wie kann man sie erreichen?
23. Was wird dort hergestellt?
24. Welche Bedeutung haben die Sonnenkraftwerke: a) für die Weltraumstadt, b) für die Menschen auf der Erde?
25. Wie wird die Sonnenenergie zur Erde geschickt?
26. Nennen Sie mindestens zwei Probleme, die gelöst werden müssen, bevor diese Weltraumstadt gebaut werden kann.

Fragen zur Diskussion

1. Kann man Ihrer Meinung nach dieses Projekt ernst nehmen? Sollte man es fördern? Schon jetzt?
2. Sammeln Sie Argumente dafür bzw. dagegen und vertreten Sie Ihren Standpunkt in einer kurzen Rede.

Schreiben

Schreiben Sie mit Hilfe der beantworteten Fragen eine kurze Zusammenfassung des gehörten Textes.

Wie Menschen zu Daten verarbeitet werden 4

Der Computer ist schnell, zuverlässig und genau. Mit ihm konnten Arbeits-
vorgänge beschleunigt und rationalisiert werden. Er kann für den Menschen
gefährliche oder gesundheitsschädliche Aufgaben übernehmen. Damit kann
er auch der Humanisierung und Demokratisierung dienen. Andererseits hat
5 seine Anwendung neue Gefahren mit sich gebracht: Der Computer zerstört
Arbeitsplätze und schafft somit Arbeitslosigkeit.

Als der Großcomputer die Unternehmen eroberte, fiel zunächst kaum auf,
daß er Arbeitsplätze wegrationalisierte. Heute weiß man, daß im Laufe der
Jahre in einem Betrieb bis zu 50 Prozent der Mitarbeiter entlassen wurden.
10 Nur wenige davon konnten umgeschult werden. Am stärksten waren qualifi-
zierte Arbeitskräfte betroffen, die für die langweiligen Verwaltungsarbeiten
zu teuer waren. Hier wird ein weiterer Nachteil deutlich: Dort, wo der Computer neue Arbeit schafft, ist diese gewöhnlich stumpfsinniger als vorher.

Längst handelt es sich nicht mehr um große Computer allein, sondern es
15 gibt die winzigen Mikroprozessoren – ein spätes „Abfallprodukt" der Weltraumforschung. Sie rechnen im Taschenrechner blitzschnell schwierige Ma-
thematikaufgaben aus und steuern Roboter, die z. B. Lackierarbeiten in Au-
tofabriken ausführen. Diese Mini-Computer machen Tausende von Arbei-
tern überflüssig. In den Druckereien und im Maschinenbau, in der Uhren-
20 und Elektroindustrie sind die Auswirkungen schon zu bemerken. Auch in
den Büros werden bereits zahlreiche Angestellte entlassen.

Eine noch größere Gefahr liegt in der Bedrohung der Privatsphäre des
Menschen. Der einzelne weiß oft nicht mehr, welche Daten über ihn wo und
wem bekannt sind. Und heute sind zahllose Daten über jeden von uns irgend-
25 wo gespeichert. Schulen stellen Zeugnisse aus. Der Hausarzt führt Buch über
unsere Krankheiten, über seine Diagnose und die Therapie. Geht der Bürger
gar zum Psychiater, so notiert dieser seine geheimsten Ängste. Die Bank spei-
chert alle Zahlungen auf dem Konto. Nimmt man das Finanzamt dazu, dann
kommen alle Daten über Besitz und Einkommen zusammen. Wer dazu regel-
30 mäßig in einem Großversandhaus einkauft, liefert mit den dort gespeicherten
Bestellungen ein Lebensbild seiner ganzen Familie. Denn an den Bestellungen kann man z. B. erkennen, welches Hobby der Sohn hat und wann die Familie viel Geld hatte. Verbindet man diese Angaben noch mit denen einer
Buchgemeinschaft, so entsteht zunehmend ein deutliches Bild der Persön-
35 lichkeit. Wenn man z. B. erfährt: Welche Schriftsteller werden bevorzugt?
Wurden politische Bücher bestellt?

Auch die staatlichen Behörden speichern eine Menge Daten über den Bürger. Zwar gibt es in der Bundesrepublik inzwischen das Datenschutzgesetz,

aber immer noch können innerhalb bestimmter Bereiche und unter bestimm-
40 ten Bedingungen Daten weitergegeben werden. Die Datenverarbeitung ent-
wickelt sich in rasendem Tempo weiter; die Gefahr des „Großen Bruders",
der alles weiß und alles überwacht, wird immer deutlicher. Mit Hilfe der
Technik könnte so der Bürger bespitzelt, ja sogar in seinen Entscheidungen
immer totaler beeinflußt werden, ohne daß er es merkt. Durch Datenbanken
45 und neue Informationssysteme sind so plötzlich völlig neue Formen totalitä-
rer Herrschaft möglich geworden.

Originalbeitrag von H. Zuleeg

Worterklärungen

einen Vorgang beschleunigen etw schneller machen – **rationalisieren** wirtschaftlich ef-
fektiver machen – **etw erobern** in etw mit Gewalt eindringen und es besetzen – **qualifi-
ziert** ausgebildet – **entlassen werden** seinen Arbeitsplatz verlieren – **umschulen** für einen anderen Beruf ausbilden – **betroffen von etw sein** *hier:* die Folgen von etw erleiden,
merken – **stumpfsinnig** *hier:* monoton, deshalb keine Intelligenz fordernd – **Mikroprozessoren** (pl) kleinste elektronische Bauteile – **lackieren** mit Lack (Farbe) überzie-
hen – **überflüssig** unnötig – **speichern** ansammeln – **das Finanzamt,** ≃er Steuerbehörde –
Daten (pl) *hier:* Informationen, Angaben – **das Großversandhaus,** ≃er großes Unternehmen (Kaufhaus), bei dem man Waren mit Hilfe eines Katalogs bestellt; die Waren werden zugeschickt – **die Buchgemeinschaft** Unternehmen, das regelmäßigen Kunden
(Mitgliedern) Bücher billiger verkauft – **der Große Bruder** *Figur aus G. Orwells Zu-
kunftsroman „1984"; sie ist Symbol für die totale Kontrolle des Bürgers durch den Staat –*
überwachen kontrollieren – **bespitzeln** heimlich, versteckt beobachten

Übungen zum Wortschatz

I. Erklären Sie:

1. Weltraumforschung (Z 15–16) 2. Privatsphäre (Z 22) 3. Daten (Z 24) 4. Da-
tenbank (Z 44)

*II. Erklären Sie die folgenden Aussagen mit Ihren eigenen Worten. Achten Sie
besonders auf die fettgedruckten Wörter.*

1. Computer können der **Humanisierung** und **Demokratisierung** der Gesellschaft **dienen.**
2. Arbeits**vorgänge** werden **rationalisiert.**

18

3. Arbeitsplätze werden **wegrationalisiert.**
4. Mikroprozessoren sind ein „**Abfallprodukt**" der Weltraumforschung.

*III. Suchen Sie alle trennbaren Verben im Text (*auffallen – er fällt auf*). Suchen Sie alle Verben, deren Vorsilbe untrennbarer Bestandteil des Verbs ist (*erkennen – er erkennt*).*

IV. Bilden Sie mit den Vorsilben an-, ver-, aus-, ein- *mit folgenden Verben aus dem Text so viele neue Verben wie möglich und bilden Sie damit Sätze.*

1. betreffen 2. entlassen 3. bemerken 4. entstehen

Übung zum Leseverständnis

Fragen zum Text

1. Welche Vorteile des Computers werden im ersten Abschnitt genannt?
2. Wozu wäre der Computer ebenfalls geeignet?
3. Von welcher Gefahr ist im letzten Satz des ersten Abschnitts die Rede?

Mit den drei Fragen ist der erste Abschnitt inhaltlich erfragt. Bilden Sie soviele Fragen wie nötig, um den Inhalt (die wichtigsten Punkte) der folgenden Abschnitte zu erfragen. Die Fragen sollen sich nach Möglichkeit nicht nur auf einen Satz beziehen.

Fragen zur Diskussion

1. Erklären Sie anhand von Beispielen, auf welche Weise der Computer zur Humanisierung und Demokratisierung unserer Gesellschaft beitragen kann.
2. Nennen Sie weitere Gefahren, die durch den Computer entstehen können.
3. Was kann gegen die Arbeitsplatzvernichtung durch Computer getan werden?
4. Was kann gegen die Bedrohung der Privatsphäre getan werden?
5. Stimmen Sie der Befürchtung des Autors zu, daß der Computer die Gefahr des „Großen Bruders", eines totalitären Staates, fördert? Begründen Sie Ihre Meinung.

Die Computerfirma IBM brachte vor einiger Zeit in deutschen Zeitungen auf zwei aufeinanderfolgenden Doppelseiten dieses Bild, jedesmal allerdings mit einem anderen Text.

5 Computer beherrschen Menschen

Die einen sagen: Der Mensch sei nur noch dazu da, die Maschinen zu füttern. Maschinen, die der Mensch ursprünglich programmiert habe, um besser leben zu können, führten nun ein Eigenleben. Sie programmierten den Menschen. Das System habe sich selbständig gemacht. Die Rollen seien inzwi-
5 schen vertauscht. Die Maschine befehle. Der Mensch führe aus. Sie sage ihm, was er tun soll, was er lassen soll, was er lernen soll, was er essen soll, was er trinken soll, was er lesen soll, wohin er in Urlaub fahren soll und wen er heiraten soll. Die Maschine nähme dem Menschen jetzt alle Entscheidungen ab. Die Maschine sei nicht mehr vom Menschen abhängig. Der Mensch sei von
10 der Maschine abhängig. Der Mensch sei Sklave. Die Maschine sei Herr. Der Mensch sei eigentlich gar kein richtiger Mensch mehr. Er würde selbst zur Maschine, die aussähe wie ein Mensch.

Menschen beherrschen Computer

Die anderen sagen: Seitdem es diese Maschinen gibt, brauche der Mensch keine Sklavenarbeit mehr zu machen. Er brauche keine endlosen Zahlenkolonnen mehr zu addieren. Er brauche nicht mehr herumzurennen, um sich alles mögliche zusammenzusuchen. Er brauche keine unnützen Dinge mehr im
5 Kopf zu behalten. Der Mensch befehle. Die Maschine führe aus. Er sage zu ihr: rechne. Und die Maschine rechne. Er sage zu ihr: suche. Und die Maschine suche. Er sage zu ihr: sortiere. Und die Maschine sortiere. Er sage zu ihr: vergleiche. Und die Maschine vergleiche. Er sage zu ihr: schreibe. Und die Maschine schreibe. Alle stumpfsinnigen Arbeiten, die dem Menschen nur lä-
10 stig sind, mache die Maschine. Sie halte dem Menschen den Kopf frei für etwas, was die Maschine nicht könne und nie können werde: denken.

Worterklärungen

vertauschen *hier:* umdrehen – **ausführen** das tun, was jd anders befiehlt – **der Sklave, -n** unfreier Mensch; er ist Eigentum eines anderen – **die Kolonne, -n** die Reihe – **sortieren** ordnen, auswählen – **stumpfsinnig** monoton, langweilig – **lästig** unangenehm, beschwerlich

Fragen zur Analyse des Textes

1. Welchen Interessen dient die Anzeige? An wen ist sie gerichtet? Mit welchem Ziel wurde sie geschrieben?
2. Wie ist die Anzeige inhaltlich gegliedert?

Fragen zum ersten Teil der Anzeige

3. Welche konkreten Gefahren werden im ersten Teil der Anzeige genannt?
4. Welcher Vorteil des Computers wird in einem Nebensatz genannt?
5. Wie oft wird dasselbe gesagt, aber immer mit anderen Worten?
6. Was meinen Sie zu den im Text genannten Gefahren? Gibt es Gefahren, die nicht genannt werden?

Fragen zum zweiten Teil der Anzeige

7. Welche konkreten Vorteile des Computers werden genannt? Gibt es weitere große Vorteile, die Sie nennen können?
8. Welche Gefahr wird im letzten Satz angedeutet, aber sofort verneint?

Fragen zu den sprachlichen Ausdrucksmitteln der Anzeige

9. Untersuchen Sie die sprachliche Gestaltung der Anzeige. Wie kommt im zweiten Teil die Herrschaft des Menschen über den Computer sprachlich zum Ausdruck?
10. An was erinnern die Sätze: „Er sage zu ihr: rechne. Und die Maschine rechne. Er sage zu ihr: suche. Und die Maschine suche."?

Frage zur Diskussion

Kann man in dieser Anzeige von Manipulation sprechen?

Worterklärungen

das **Sozialprodukt** Summe aller produzierten Güter – **der Lebensunterhalt** Produktion der zum Leben nötigen Dinge – **der Nachwuchs** die Kinder – **genetische Manipulation** die Gene in den Chromosomen werden manipuliert – **der Acker,** ⁼ Feld – **knapp** es herrscht Mangel an – **notdürftig** kaum ausreichend – **unglaubwürdig** nicht überzeugend – **projizieren** *hier:* verlängern in – **die Ausbeutung** zum eigenen Nutzen gebrauchen

Vorbereitendes Gespräch

1. Von welchen Zukunftsvoraussagen zur Weltentwicklung haben Sie bisher gehört, gelesen? 2. Wie stellen Sie sich die Zukunft der Menschheit vor?

Übung zum Hörverstehen

Lesen Sie zunächst die folgenden Fragen. Sie hören dann den Text dreimal. (Beim zweiten Mal hören Sie den Text abschnittweise.) Machen Sie sich beim Zuhören Stichworte. Beantworten Sie nach dem dritten Anhören die Fragen.

1. Wovon handelt der Text?
2. Welchen Titel hat das erste Buch? Wann und wo erschien es?
3. Welche allgemeine Voraussage für die Zukunft wird gemacht?
4. Welche Beispiele aus dem Inhalt werden genannt?
5. Welchen Titel hat das zweite Buch? Wann und wo erschien es?
6. Welche allgemeine Voraussage für die Zukunft wird gemacht?
7. Welche Beispiele aus dem Inhalt werden genannt?
8. Was kritisiert der Sprecher an diesen Büchern?
9. Welche zwei Fehler der Autoren nennt der Sprecher?
10. Was haben die Optimisten von 1967 nicht gesehen?
11. Was haben die Pessimisten nicht gesehen?
12. Was sagt der Sprecher zum Schluß über den Zukunftspessimismus?

Fragen zur Diskussion

1. Sammeln Sie weitere Argumente, einmal für die optimistische, dann auch für die pessimistische Zukunftsvoraussage. Für welche von beiden finden Sie mehr Hinweise in der Gegenwart? 2. Welches sind Ihrer Meinung nach die großen Probleme, mit denen die Menschheit fertig werden muß?

Mann und Frau

ER sucht SIE – SIE sucht IHN

Echte Rarität, Spitzentyp, 29/180, voll da, merkt plötzlich, daß bisherige große Liebe (Racing, Segeln, Fallschirmspringen, Motorcross) nicht glücklich macht und sucht daher (auch auf diesem Wege) beständiges Glück mit ihr. Junges, nettes Wesen, gute Figur und gutes Aussehen unbedingt erforderlich. Diskretion versteht sich. Kontakt bitte (nicht ohne Bild) 56893 RP Düsseldorf

Ein bißchen Hausfrau, ein bißchen dufte Biene

dürfen Sie ruhig sein, aber wo verstecken Sie sich? Vergeblich suche ich, 33/1,80, Stud.-Rat, jedoch kein Schulmeister, vorsichtig, jedoch nicht ängstlich, gut erzogen, jedoch nicht brav, zeitweise etwas schwierig, jedoch nicht unausstehlich. Wenn Sie glauben, so etwas wie gerade beschrieben zu mögen und wenn Sie außer s. o. etwas Geduld und Sinn für gegenseitiges Verständnis besitzen, dann schreiben Sie doch einen Brief mit Bild an ZD 7187 DIE ZEIT, Postfach 10 68 20, 2000 Hamburg 1

Junger Mann (23)

z. Z. in Haft (bis Ende April 78) sucht unvoreingenommene Lebenspartnerin – gerne mit Kind.

Zuschriften unter **O 6941** Dt. Allg. Sonntagsblatt, Mittelweg 111, 2 HH 13.

Witwer, in Nbg., Angest., 45/180, schlk., kath., 2 Kinder, su. liebe, natürliche Partnerin u. Mutti. K 68 885

Jg. Bäckermeister m. eig. Geschäft bietet jg. Verkäuferin bis 26 J. Einheirat. Nur ernstgem. Zuschrift. B 64 321

Suche emanzip. Frau, 25-37 J., Kind(er) ang., die sich im Beruf verwirklicht, z. spät. Heirat. Im partnerschaftl. Verh. zur Haushaltsführung und Kindererziehung bereit. K 70 530

Bauch + Glatze

stören mich weniger als Egoismus und Bequemlichkeit.
Es muß kein Supermann sein, aber einer mit zärtlichen, starken Händen, an den ich mich manchmal anlehnen kann.
Ich bin 1,70 groß, Mitte 30, schlank, mädchenhaft und doch vital. Zur Entspannung arbeite ich im Garten und reise gern. Über Anhang würde ich mich freuen (Raum Hamburg), ZR 7118 DIE ZEIT, Postfach 10 68 20, 2000 Hamburg 1

Norddeutschland

Vielbeschäftigte Sekretärin, rotbraun, 28/160, äußerst feminin und mädchenhaft, anpassungsfähig und ausgeglichen, mit vielseitigen Interessen **sucht** einen ca. 35-42 Jahre alten, gutsituierten, gebildeten, zuverlässigen (Ehe-)Partner, der auch nachsichtig und zärtlich sein kann.

Ideal: Mediziner.

Zuschriften bitte mit Foto und Telefonangabe unter **M C 341151** an die Frankfurter Allgemeine, 6 Ffm. 1, Postfach 2901.

Karin ist 20, Verkäuferin, sehr hübsch mit nettem natürl. Wesen. Sie liebt Sport, Schwimmen, Musik u. Kochen. Welcher aufricht. jg. Mann mö. sie zärtl. in die Arme. nehmen u. mit ihr glückl. werden? Nr. 1684 Inst. Müller, 75 Khe, Postf. 4345

Bildhübsche, charm. Dolmetscherin, 26/175, Abitur, Sprachstudium, schlk., attrakt., warmherzig u. unkompliz., gesellschaftl. u. hausfraul. versiert, beg. Sportl. (Ski, Seg., Reit., Tennis), wohlh. Elternh., eig. Vermög., wü. sympath. Ehepartner.
8-SM. Connex KG, Postfach 160 305, 85 Nürnberg, Telefon 09 11/55 07 81.

Sie, 32/168, gesch., gut auss., mod., jugendl., wünscht netten Ihn mit gut. Beruf, Kind kein Hindernis, C 123011.

Sehr gut auss., schlk. Dame, 170/29 J., wü. charakterfesten Herrn in guter Pos. kennenzul. E 119 413

Süddeutsche in Hamburg

30/1,60/59, Sekretärin, z. Z. Studentin. Musisch: ja, sportlich: etwas, Hausfrau: gut, Modepuppe: nein, Hausmütterchen: nein, Lachen: oft, Freunde: viele, Kinder: nein/aber bald? Schreiben Sie mir? E. Stiewing, Steenwisch 41, 2 HH 54

Fragen zur Analyse der Anzeigen

1. Auf welche der von Frauen aufgegebenen Anzeigen würde wohl
   a) der „Spitzentyp"
   b) der Akademiker in leitender Position
   c) der Studienrat
   d) der Witwer
   e) der Bäckermeister
   antworten? Auf welche bestimmt nicht? Warum?
2. Welche Partnerinnen würden Ihrer Meinung nach am besten zu den Anzeigen der Männer passen? Denken Sie dabei an Alter, Beruf, Interessen usw.
3. Welche Frau hätte Ihrer Meinung nach die besten Chancen (die meisten Zuschriften)? Warum?
4. Welcher Mann würde Ihrer Meinung nach die meisten Zuschriften erhalten?
5. Was ist außergewöhnlich an der Anzeige Nr. 6? Wie stellt sich dieser Mann seine Ehe vor?
6. Welche Chancen geben Sie dem „jungen Mann, z. Z. in Haft"? Welche Vorteile hätte eine Heirat für ihn?
7. Wie werben die Männer für sich? Was betonen sie?
8. Was erwarten die Männer von ihren Partnerinnen?
9. Wie werben die Frauen für sich? Was erwarten Sie von ihrem Partner?
10. Kann man aus den Anzeigen ein typisches Rollenverhalten bei Mann und Frau erkennen? Woran?

Fragen zur Diskussion

1. Wie beurteilen Sie die Tatsache, daß es in fast jeder deutschen Tageszeitung in der Samstagsausgabe so viele Heiratsanzeigen gibt? Ist das auch in Ihrem Heimatland der Fall? Warum (nicht)?
2. Wie lernen sich junge Leute in Ihrem Heimatland kennen?

Die Werbefernsehfrau 8

Die Werbefernsehfrau liest nie. Sie wäscht und pflegt die Wäsche, das Eigenheim und sich. Offensichtlich ist die Hausarbeit figurfreundlich und macht strahlende Laune. Die Werbefernsehfrau ist hübsch, schlank und jung. Maximal 29. Das bleibt sie auch ein Leben lang. Überall in der eleganten Wohnung
5 sieht sie zum Anbeißen aus, insbesondere aber in der Küche. Dort findet auch die Modeschau statt: Vom Abwaschtuch bis zur Küchenschürze.

Die Werbefernsehfrau ist so gut wie nie berufstätig und so gut wie immer verheiratet, und zwar mit einem finanzkräftigen Mann, der – selten im Bild – irgendwo im Hintergrund arbeitet. Dieser zum Haushalt gehörige Finanzier
10 muß ganz schön reich sein, wenn man die Kosten für die Raumgestalter, den Friseur und den Modeberater der Gattin zusammenrechnet. Es wäre interessant, einmal zu erfahren, in welcher Branche er tätig ist. Jedenfalls darf er sich keine Pleite leisten.

Nach: H. G. Fischer-Tschöp, *Jahr der Werbefernseh-Frau, Süddeutsche Zeitung*, 10. Juni 1975

Worterklärungen

die Werbefernsehfrau die Frau, wie sie in den Werbesendungen des Fernsehens gezeigt wird – **das Eigenheim** das Haus, das einem selbst gehört und das man selbst bewohnt – **figurfreundlich** *hier:* gut für die Figur; etw, das schlank hält – **strahlend** wie die Sonne Strahlen aussendend, *hier:* ausgezeichnet, sehr gut – **maximal** höchstens – **zum Anbeißen** *hier:* so daß man sie essen könnte, d. h.: sehr hübsch – **finanzkräftig** jd, der viel Geld hat und deshalb hohe Preise zahlen kann – **der Finanzier, -s** Geldgeber – **der Raumgestalter** jd, der sich beruflich mit dem Einrichten von Wohnungen beschäftigt – **die Gattin** *(geh.)* die Ehefrau – **die Branche, -n** Wirtschaftszweig – **die Pleite** Zahlungsunfähigkeit, die zur Aufgabe eines Geschäfts führt; Bankrott

Fragen zum Verständnis des Textes

1. Womit beschäftigt sich die Werbefernsehfrau, womit nicht?
2. Welche Wirkung hat die Hausarbeit auf sie?
3. In welchen Verhältnissen lebt sie?
4. Welche Aufgabe erfüllt ihr Mann?

Übung zum Verständnis des Textes

Was will der Text damit sagen? Achten Sie besonders auf die fettgedruckten Wörter.

1. Sie wäscht und pflegt die Wäsche **und sich** (Z 1–2).
2. Maximal 29. Das bleibt sie auch **ein Leben lang** (Z 4).
3. In der Küche findet auch die Modeschau statt: **Vom Abwaschtuch bis zur Küchenschürze** (Z 6).
4. Die Werbefernsehfrau ist so gut wie nie berufstätig und **so gut wie immer** verheiratet (Z 7–8).
5. Dieser **zum Haushalt gehörige Finanzier** ... (Z 9).

Übungen zum Wortschatz

I. Unterstreichen Sie alle Adjektive im Text, die die Werbefernsehfrau und ihren Mann charakterisieren.

II. Formen Sie die Sätze um, indem Sie wie in folgendem Beispiel die fettgedruckten Wörter durch eine nominale Wendung ersetzen. Achtung bei Nr. 5!

> Er darf nicht **pleite** gehen.
> Er darf **sich keine Pleite leisten.**

1. Wir dürfen nichts **falsch** machen.
2. Ein Kassierer darf **sich** nicht **irren**.
3. Profisportler müssen immer **erfolgreich** sein.
4. Ein Pilot darf nie **unaufmerksam** sein.
5. Männer dürfen nicht **weinen**.

Fragen zur Diskussion

1. Welches Bild des Hausfrauendaseins wird im Werbefernsehen gezeigt?
2. Welches Bild von der Rollenverteilung zwischen Frau und Mann wird dort gezeigt?
3. Entspricht das im Werbefernsehen gezeigte Bild von Frau und Mann der Wirklichkeit?
4. Welches Ziel hat diese Werbung? Warum stellt sie die Frau so dar?

Man hat sie ausgesperrt vom Geschehen. Genauer gesagt, sie wurden einge-
sperrt.

Ein paar Kilometer entfernt, von den Städten abgewandt, liegen die Wohn-
viertel. Festungen der Neuzeit ähnlich. Aus Beton mit eintönigen Fassaden.
5 Ein bißchen Grün dazwischen, das Betreten der Anlagen ist streng verboten.
Männer wachen darüber. Alles zusammen, Beton, Anlagen und Wächter sind
Teile eines schönen Begriffs: Parkstadt oder Satellitenstadt heißt er.

„Es ist so schlimm, daß mir nicht mal im Traum beängstigendere Situatio-
nen einfallen", sagt Inge E. (27), verheiratet, zwei Kinder. „Ich fühle mich
10 hier ausgesperrt. Früher gab es, wenn man einander liebte den Spruch: ‚Wo
du hingehst, da will auch ich hingehen'. Mag sein, er war albern. Aber noch
nie ist mir so wie jetzt zu Bewußtsein gekommen, daß eine Ehe nach der Regel
geführt wird: ‚Wo ich hingehe, da hast du nichts zu suchen'."

Es gibt in diesen Schlafstädten kaum Buchhandlungen. Ein paar Kioske
15 mit minderer Literatur sind alles. Es gibt Wäschereien, Post, Reinigungen,
die meisten Häuser haben Waschküchen. Dorthin schleppen die Frauen
dann die Wäsche und ihre Kinder, weil sie die ja nicht alleine in der Wohnung
lassen können. Man sagt einander im Treppenhaus schnell guten Tag.
Manchmal ist sogar das Herumstehen auf den Gängen verboten.

20 Diese Wohnstädte sind gebaut wie Kasernen. Die Wohnungen sind einander so ähnlich, daß jedermann von jeder Stube in jede Stube verlegt werden
kann und sofort seinen Spind findet. Ein schwarzes Brett hängt unten für Mitteilungen an die Truppe – heute schreiben Hausmeister ihre Tagesbefehle
drauf. Die einzige Konzession, zu der sich die Baugesellschaften bereitgefun-
25 den haben, liegt darin, daß sie den Frauen nicht verboten haben, den (Kaser-
nen-)Bereich tagsüber ohne Urlaubsschein zu verlassen. Das ist auch völlig
überflüssig, denn die meisten Frauen sind sowieso in ihren vier Wänden ge-
fangen. Es sei denn, sie nehmen die Kinder an der Hand und gehen zum
Spielplatz. Das Auto hat nämlich der Mann.

Nach: Hannelore Schütz, *Die dressierte Frau*, Verlag R. S. Schulz, München 1972, S.
43–55

Worterklärungen

aus-, einsperren aus-, einschließen – **die Festung, -en** befestigter Ort zur Verteidigung,
oft auch als Gefängnis verwendet – **die Fassade** Vorderansicht – **eintönig** monoton,

Emmertsgrund, eine „Satellitenstadt" in Heidelberg

langweilig – **die Anlage, -n** *hier:* Grünfläche – **beängstigend** Angst machend – **die Buchhandlung, -en** Geschäft, das Bücher verkauft – **minder** *hier:* von geringer Qualität – **schleppen** *hier:* mit großer Anstrengung tragen – **im Treppenhaus** auf der Treppe im Haus – **die Kaserne, -n** Unterkunft für Soldaten – **verlegt werden** *hier:* auf Befehl umziehen – **das, der Spind, -e** einfacher, schmaler Schrank für Soldaten – **schwarzes Brett** schwarze Tafel für Mitteilungen – **die Truppe** *hier:* alle Soldaten einer Kaserne – **die Konzession** Zugeständnis, das Entgegenkommen – **die Baugesellschaft, -en** Firma, die Häuser baut – **überflüssig** nicht notwendig

Übung zum Leseverständnis

Welche Aussagen sind richtig (r), welche sind falsch (f)?

	r	f
1. Die Frauen, von denen im Text die Rede ist, wohnen am Stadtrand.	☐	☐
2. Die Häuser, in denen sie wohnen, machen einen freundlichen und gemütlichen Eindruck.	☐	☐
3. Die Häuser sehen von vorne alle gleich aus.	☐	☐
4. In den Gärten der Häuser kann man auf dem Gras gehen.	☐	☐
5. Inge E. genießt das Leben in der Satellitenstadt: hier fühlt sie sich frei.	☐	☐

r   f

6. Ihrer Meinung nach war das Zusammengehörigkeitsgefühl der Eheleute früher nicht so stark wie heute. ☐ ☐

7. Inge E. weiß schon lange, daß die Ehefrauen aus der Berufswelt ihrer Männer ausgeschlossen sind. ☐ ☐

8. In diesen Wohnvierteln gibt es kein ausreichendes kulturelles Angebot. ☐ ☐

9. Die Hausarbeit ist leicht: so steht in fast jeder Wohnung eine Waschmaschine. ☐ ☐

10. Die Frauen müssen sich dauernd selbst um ihre Kinder kümmern und werden dadurch sehr belastet. ☐ ☐

11. Mit den anderen Hausbewohnern gibt es nur wenig Kontakt; ein schneller Gruß, aber kein Gespräch. ☐ ☐

12. Alle Wohnungen sind fast genau gleich gebaut. ☐ ☐

13. Die meisten Frauen müssen sich nach den Vorschriften der Hausmeister richten. ☐ ☐

14. Die Macht der Hausmeister geht so weit, daß sie den Frauen sogar das Verlassen des Hauses verbieten können. ☐ ☐

15. Die Frauen verbringen den größten Teil des Tages in der Wohnung. ☐ ☐

16. Die einzige Abwechslung bietet ihnen der Kinderspielplatz. ☐ ☐

17. Die meisten Männer fahren morgens mit dem Auto zur Arbeit und kommen erst abends nach Hause. ☐ ☐

Übungen zum Wortschatz

I. Was ist richtig? Entscheiden Sie mit Hilfe des Textes.

1. Wächter   a) jemand, der aufwacht
                b) jemand, der aufpaßt
                c) jemand, der andere aufweckt

2. Spruch   a) Gespräch
                b) Nachricht
                c) kurzer Satz, der eine allgemeine Regel zum Inhalt hat

3. albern   a) dumm, kindisch
                b) unvorsichtig
                c) verantwortungslos

II. Erklären Sie aus dem Zusammenhang des Textes und/oder aus der Zusammensetzung des Wortes.

1. Geschehen (Z 1) 2. von den Städten abgewandt (Z 3) 3. Satellitenstadt (Z 7)
4. zu Bewußtsein kommen (Z 12) 5. Waschküche (Z 16) 6. Hausmeister (Z 23)
7. Tagesbefehl (Z 23) 8. grüne Witwe (Überschrift)

*III. Suchen Sie aus dem Text die Wörter und Wendungen zum Wortfeld Ge-
fängnis und Militär. Wie erklären Sie es sich, daß dieser Text so viele Wörter
aus diesen Bereichen nimmt? Was soll damit gezeigt werden?*

Fragen zur Diskussion

1. Vergleichen Sie den Text „Grüne Witwen" mit dem Text „Die Werbefernsehfrau", S. 27.
   a) Worin gleicht sich die Situation der beiden Frauen?
   b) Worin unterscheidet sie sich? (u. a. Welche Rolle spielt der Mann?)
2. Worunter leidet Frau E. am meisten? Wie könnte man ihr helfen?
3. Welche Probleme entstehen durch Satellitenstädte? Wie könnte man diese
   Probleme lösen?
4. Gibt es in Ihrem Heimatland auch das Problem der „grünen Witwen"? Berichten Sie.

Schreiben

*Schreiben Sie eine Zusammenfassung des Textes. Halten Sie sich an folgende
Stichpunkte:*

1. Lage und Aussehen der Satellitenstädte
2. Gründe für die Unzufriedenheit der Frauen:
   a) ganztägige Abwesenheit des berufstätigen Mannes, schlechte Verkehrs-
      verbindungen
   b) Welt voller Vorschriften und Verbote, Belastung durch die Kinder, kein
      kulturelles Angebot, fehlender Kontakt mit den Hausbewohnern und
      anderen Menschen

Angestellt

Montag neun Uhr. Ich fahre schläfrig im Aufzug nach oben. Ich werde gegrüßt, grüße ebenfalls. Ich gehe den Gang entlang, stoße die Türe auf und stehe im Arbeitsraum: Schreibtische, Kollegen, Papiere. Ich setze mich, stütze die Ellbogen auf. Guten Morgen. Ich gähne und sehe den Schreibtisch und
5 die Papiere. Es ist mein Schreibtisch, Papiere, die mich angehen, Kollegen, die dasselbe tun wie ich.

Der erste Anruf oder der zweite bringt mich auf die Höhe der täglichen Pflicht. Ich gebe Auskunft, spreche von Layout und Anzeigenschlüssen, von Buchdruck, Offset und Tiefdruck. Ich habe Kunden im Sinn und Kosten. Ich
10 bin Angestellter einer Werbeagentur.

Gegen halb zehn gehe ich die Akten durch, telephoniere und schreibe Aufträge aus. Ich gehe durchs Haus zur Produktionsabteilung, in die Kostenkontrolle und kläre ein Problem in der Buchhaltung.

Ich mache eine Arbeit, wie sie Tausende tun und wie sie jeder tun kann. Ich
15 bin tätig in einem Ganzen, über das ich ungefähr orientiert bin. Ich tue, was vorbestimmt ist, fest abgegrenzt und was getan werden muß. Dafür bezahlt man mich.

Es wird nicht viel verlangt. Ich bringe eigentlich nichts hervor. Ich sorge für rechtzeitiges Fertigwerden und stelle die Kosten fest. Ich bin Sachbearbeiter
20 einer Sache. Worum es geht, ist unwichtig. Nur der äußere Ablauf betrifft mich.

Ich muß nicht denken und entscheiden. Die Probleme und Schwierigkeiten löse ich mit dem Tarifplan, mit der Rechenmaschine, per Telefon oder zu Fuß. Um zwölf bin ich etwas benommen. Nur noch die Fähigkeiten sind
25 wach, die nötig sind für die Arbeit.

Siebeneinhalb Stunden am Tag und siebenunddreißigeinhalb wöchentlich steht fest, was zu tun ist und daß es getan werden muß. Als Person bin ich nicht in Anspruch genommen. Ich bin eigentlich unterbeschäftigt. Es ist anstrengend, den ganzen Tag nicht zu denken.
30 Vor dem Mittagessen bin ich mit den Arbeitsbezügen beschäftigt. Ich bestehe aus Zahlen, Daten und bin mir selbst egal. Trotzdem fühle ich mich eigentlich nicht schlecht. Es gibt Zeit für Gespräche und für Belanglosigkeiten. Der eigentliche Leerlauf der Person ist vertuscht vom Klima des Hauses, müheloser Geschäftigkeit.
35 Wenn ich um eins das Haus verlasse, interessiert mich meine Tätigkeit nicht mehr. Ich gehe in ein Warenhaus oder in ein Restaurant ein Stück in die Stadt. Wie selbstverständlich liegt die gelungene Arbeit eines Vormittags hin-

ter mir. Meine Arbeit ist ordentlich, man ist zufrieden mit mir, und ich verdiene nicht schlecht.

40 Um zwei gehe ich nicht ungern in die Firma zurück. Kein unmittelbarer Zwang wartet, kein schlimmer Druck empfängt mich. Ich kann mir die Arbeit einrichten, wie ich will.

Innerhalb meiner Grenzen habe ich sogar Bewegungsfreiheit. Ich kann Dinge auf später verschieben und eine Stunde oder auch lange Zeit wenig tun. 45 Ich lese Zeitschriften oder gehe in andere Abteilungen und unterhalte mich. Oft knallen grundlos die Korken; ein kleiner Umtrunk während der Arbeitszeit.

Um halb sechs ist die Arbeit zu Ende, und die Freizeit beginnt. Ich räume den Schreibtisch auf, nehme die Aktentasche und fahre im Aufzug nach un- 50 ten. Ich vergesse Anzeigenschlüsse, Korrekturen, Texter, Grafiker. Ich trete in das Gebrüll des Geschäftsverkehrs und gehe nach Hause. Ich weiß nicht recht, wie mir zumute ist. Ich brauche Zerstreuung oder sehr leichte Beschäftigung. Den Mut, mich deutlich auf anderes zu besinnen, habe ich nicht mehr. Ich habe gearbeitet; meine Müdigkeit sagt mir, daß ich im Recht bin, daß ich 55 Entspannung verdiene. „Alles geht seinen richtigen Gang." Und morgen ist wieder ein Tag.

Nach: Bernd Bergen, *Ein Baukran stürzt um, Berichte aus der Arbeitswelt, Werkkreis Literatur der Arbeitswelt,* München 1970

Worterklärungen

die Ell(en)bogen aufstützen die Arme so auf etw legen, daß der spitze Knochen zwischen Ober- und Unterarm (= **der Ell(en)bogen**) das Gewicht des Oberkörpers trägt – **gähnen** vor Müdigkeit oder Langeweile den Mund weit öffnen und dabei tief atmen – **angehen** betreffen – **der Anzeigenschluß** Termin, bis zu dem Anzeigen zur Veröffentlichung angenommen werden – **der Tiefdruck** *bei diesem Druckverfahren liegen die zu druckenden Stellen (mit Druckfarbe gefüllt) vertieft in der Druckplatte* – **die Akte, -n** Sammlung zusammengehörender Schriftstücke, Dokumente – **die Buchhaltung** Abteilung eines Betriebs, die den Eingang und Ausgang von Geld registriert und kontrolliert – **der Tarifplan, -̈e** Liste der Preise bzw. Löhne, die für bestimmte Leistungen vertraglich festgelegt sind – **benommen** nicht ganz wach, der Kopf ist nicht ganz klar – **in Anspruch nehmen** jdn fordern – **die Bezüge** (pl) Gehalt – **die Belanglosigkeit, -en** eine unwichtige Sache – **der Leerlauf** nutzlose Tätigkeit, Arbeit – **vertuschen** verbergen – **der Umtrunk** eine kleine Feier, bei der Alkohol angeboten wird – **der Aufzug, -̈e** der Lift – **das Gebrüll** *hier:* dauernder Lärm, der alles andere übertönt – **zumute sein** sich fühlen – **die Zerstreuung, -en** Beschäftigung mit etw, das nichts mit der Arbeit zu tun hat, um auf andere Gedanken zu kommen – **die Entspannung** *hier:* Erholung als Gegensatz zur Arbeit

Übung zum Leseverständnis

I. a) Suchen Sie die passenden Textstellen zu folgenden Fragen. Geben Sie an, in welchen Zeilen Sie die entsprechende Information finden.

Zeile

1. Wo findet man Informationen darüber, wo und als was dieser Mann arbeitet? . . . .
2. Welche Zeilen machen Aussagen über seine Arbeitszeit? . . . .
3. Welche Textstelle gibt Auskunft über seinen Verdienst? . . . .
4. Wo erfahren wir etwas darüber, wie die Vorgesetzten seine Arbeit beurteilen? . . . .
5. Welche Textstellen geben Auskunft über seine konkreten Aufgaben und Tätigkeiten? . . . .
6. Welche Textstellen machen Angaben über seinen Kontakt zu den anderen Mitarbeitern? . . . .
7. Wo finden wir Informationen darüber, ob er sich bei seiner Arbeit frei oder unfrei fühlt? . . . .
8. An welchen Textstellen wird deutlich, daß er keine innere Beziehung zu seiner Arbeit hat? . . . .
9. Wo wird deutlich, daß er auch nach Feierabend nicht zu sich selbst findet? . . . .

b) Geben Sie die Information der Textstellen zu den oben gestellten Fragen kurz und möglichst in eigenen Worten wieder.

Übungen zum Wortschatz

I. Welche Aussagen meinen dasselbe? Vergleichen Sie beide Gruppen. Entscheiden Sie – wenn nötig – mit Hilfe des Textes.

1. Ich fahre schläfrig im Aufzug nach oben.

2. Nur der äußere Ablauf betrifft mich.

3. Als Person bin ich nicht in Anspruch genommen.

4. Oft knallen grundlos die Korken.

a) Ich bin nur für die Organisation, nicht für inhaltliche Fragen verantwortlich.

b) Es kommt vor, daß Champagner-Flaschen geöffnet werden, obwohl es keinen Grund zum Feiern gibt.

c) Als ich im Lift hoch fahre, bin ich noch müde.

d) Diese Arbeit verlangt nicht von mir, daß ich mich persönlich engagiere.

II. Was will der Angestellte der Werbeagentur damit sagen?

1. Der erste Anruf oder der zweite bringt mich auf die Höhe der täglichen Pflicht (Z 7).
2. Ich habe Kunden im Sinn und Kosten (Z 9).
3. Ich bin eigentlich unterbeschäftigt (Z 28).
4. Der eigentliche Leerlauf der Person ist vertuscht mit müheloser Geschäftigkeit (Z 33–34).
5. Innerhalb meiner Grenzen habe ich sogar Bewegungsfreiheit (Z 43).
6. Alles geht seinen richtigen Gang (Z 55).

Fragen zur Analyse des Textes

1. Welche Funktion haben die zahlreichen Zeitangaben im Text? Überlegen Sie: Wäre es möglich, die einzelnen Abschnitte (vom dritten bis achten einschließlich) in ihrer Reihenfolge zu vertauschen, wenn die Zeitangaben fehlten?
2. Wie unterstützt dieses stilistische Mittel die inhaltliche Aussage des Textes?
3. Lesen Sie den ersten und letzten Satz des Textes.
   a) Könnte im ersten Satz an Stelle von „Montag" auch irgendein anderer Wochentag genannt werden?
   b) Würde der Text eine wichtige inhaltliche Aussage verlieren, wenn der letzte Satz wegfiele? Warum (nicht)?

Fragen zur Diskussion

1. Worunter leidet dieser Angestellte bei seiner Tätigkeit?
2. Wie, glauben Sie, verbringt dieser Angestellte seine Freizeit (Feierabend, Ferien)? Wie erklären Sie sich das?
3. Dieser Angestellte ist verheiratet mit einer „grünen Witwe". Vergleichen Sie das Leben von beiden. Wo gibt es Gemeinsamkeiten, wo liegen die Unterschiede? (Lesen Sie dazu den Text „Grüne Witwen", S. 29)
4. Welche Auffassung vom Beruf haben Sie? Ist er für Sie nur ein „Job", also nur ein Mittel, um den Lebensunterhalt zu verdienen? Oder glauben Sie, daß man im Beruf seine eigene Persönlichkeit entwickeln sollte?
5. Durch welche Arbeitsmethoden wird Ihrer Meinung nach der Sinn der Arbeit heute bedroht? Gibt es noch Berufe, in denen man kreativ, produktiv sein kann? Welche?

Sprechen

1. Berichten Sie in einem kurzen Vortrag entweder darüber
a) welchen Beruf sie ergreifen wollen und warum,
oder
b) schildern Sie Ihren Arbeitstag von Arbeitsbeginn bis Arbeitsschluß.

Familie machen wir am Wochenende ꙮ   11

Schichtarbeit in einer Hamburger Zigarettenfabrik

Worterklärungen

die Schichtarbeit *der Arbeitstag wird in verschiedene Schichten (= Abschnitte) eingeteilt,*
in denen jeweils andere Arbeiter arbeiten – **abgearbeitet** sehr müde von der Arbeit, am
Ende der Kräfte – **nicht mehr drin liegen** *(ugs)* nicht mehr möglich sein – **sich zu etw**
durchringen sich nach inneren Kämpfen zu etw entschließen – **die Zulage** Sonderzahlung zum Lohn – **über etw verfügen** mit etw machen, was man will – **abgespannt** müde –
sich umstellen *hier:* sich an den neuen Zustand gewöhnen – **rum sein** *(ugs)* vorbei sein –
abzockeln *(ugs)* langsam und müde weggehen – **der Wohnwagen** Campingwagen zum
Übernachten – **die Sache hat einen Haken** es besteht eine Schwierigkeit dabei – **ran**
müssen *(ugs) hier:* viel arbeiten müssen

Vorbereitendes Gespräch

1. Aus welchen Motiven sind Frauen berufstätig?
2. Viele Frauen in der Bundesrepublik Deutschland sind berufstätig, außerdem Hausfrau und Mutter. Welche Probleme können durch diese Doppel-
   belastung entstehen: a) für sie selbst b) für ihren Mann und die Kinder?
3. Wie könnte man das Leben dieser Frauen erleichtern?
4. Aus welchem Grund hat die Industrie die Schichtarbeit eingeführt?
5. In den meisten Betrieben wechselt der Arbeiter regelmäßig jede Woche die
   Schicht. Glauben Sie, daß das für den Organismus ein Vorteil oder ein
   Nachteil ist? Warum?

Übung zum Hörverständnis

a) Sie hören den Text dreimal. Lesen Sie die folgenden Behauptungen vor dem ersten Anhören. Kreuzen Sie nach dem ersten Abspielen des Bandes an, welche Lösungen richtig (r), welche falsch (f) sind.

                                                                       r   f

1. Der gehörte Text ist
   a) ein Vortrag einer Arbeiterin   ☐ ☐
   b) ein mündlicher Bericht, den eine Arbeiterin einer anderen Person gibt   ☐ ☐
   c) ein vorgelesener Tagebucheintrag einer Arbeiterin   ☐ ☐
2. Es geht dabei um die Frage,
   a) ob Männer Vorurteile gegen die Berufstätigkeit von Frauen haben   ☐ ☐
   b) ob Frauen ebensogut ihre Berufsarbeit erledigen können wie Männer   ☐ ☐
   c) welche Auswirkungen die Schichtarbeit auf die Frau und die Familie hat   ☐ ☐
3. Der Text zeigt, daß
   a) Frau T. mit ihrem Leben nicht zufrieden ist   ☐ ☐
   b) Frau T. alles egal ist, obwohl ihre Familie unter ihrer Berufstätigkeit leidet   ☐ ☐
   c) Frau T. alles tut, um ihre Pflicht als Berufstätige, Ehefrau und Mutter zu erfüllen   ☐ ☐

b) Lesen Sie zuerst die folgenden Behauptungen. Beim zweiten Abspielen des Bandes kreuzen Sie an, welche Aussagen auf der Grundlage des Textes richtig (r), welche falsch (f) sind.

                                                                       r   f

1. Frau T. arbeitet erst seit wenigen Jahren in Schichtarbeit.   ☐ ☐
2. Eine Woche lang hat sie Frühschicht, eine Woche lang Spätschicht.   ☐ ☐
3. Sie zieht die Frühschicht vor, weil sie dann nicht so müde ist, um ihre Hausarbeit danach zu erledigen.   ☐ ☐
4. Durch die Schichtarbeit verdient sie nicht mehr Geld, arbeitet aber etwas weniger.   ☐ ☐
5. Der Mann von Frau T. holt sie nach Ende ihrer Schicht von der Arbeit ab, weil er dann auch mit der Arbeit fertig ist.   ☐ ☐
6. Sie leidet besonders unter dem Schichtwechsel, wenn sie sich auf die Frühschicht umstellen muß.   ☐ ☐

7. Als ihre Kinder kleiner waren, litten sie mehr unter der Schichtarbeit ihrer Mutter.   ☐ ☐

8. Wenn Frau T. Frühschicht hat, macht der Vater das Frühstück für die Kinder fertig.   ☐ ☐

9. Der Vater sieht seine Kinder jeden Tag.   ☐ ☐

10. Am Wochenende fährt die Familie zum Wohnwagen an die Ostsee.   ☐ ☐

11. Durch diese Wochenenden an der Ostsee verliert Frau T. viel Zeit, die sie braucht, um ihr Haus in Ordnung zu bringen.   ☐ ☐

c) Sie hören den Text ein drittes Mal. Notieren Sie beim Abspielen des Bandes stichwortartig die Vor- und Nachteile der Schichtarbeit für Frau T.

Fragen zur Diskussion

1. Wie beurteilen Sie das Verhalten von Herrn T.?
2. Warum sind die Auswirkungen der Schicht auf große Kinder weniger schlimm?
3. Charakterisieren Sie Frau T.

Sprechen in Rollen

Berichten Sie über Frau T. aus der Sicht ihrer Kinder/ihres Mannes.

12 Josef E., Hausmann

„Manchmal hab' ich die Nase voll. Das geht rein, raus, rein, raus ...", sagt
Horst Böttcher aus Travemünde über seinen Beruf. –
„Es kommt vor, daß ich nervös werde, wenn wir Besuch haben, und ich
muß Brote schmieren und Bier holen und einschenken und alles ...", so schil-
5 dert Siegfried Weckner aus Ingolstadt bestimmte Momente seiner Tätig-
keit.
Die Klage klingt vertraut, doch ungewohnt aus Männermund. Es sind
Männer auf Entdeckungsreise in eine jahrhundertelang weiblich besetzte
Domäne: Hausmänner. Das Wort ist bereits geläufig – schon amüsiert man
10 sich über den im Haushalt arbeitenden Mann einer berufstätigen Frau. In
Wahrheit sind diejenigen, die die überlieferten Rollen der Ehepartner tau-
schen, sehr selten. Den Haushalt besorgt immer noch die Frau; ihr Mann hilft
manchmal, besonders am Wochenende.
„Die Zeit des Hausmannes bricht an, da bin ich sicher", meint dagegen Jo-
15 sef E. aus Bensberg bei Köln. „Es gibt viele Männer, die der Beruf kaputt-
macht und die mit fliegenden Fahnen überwechseln würden." Es klingt, als

wolle jemand desertieren. Die Gesellschaft empfindet es wohl auch so. In der Tat: Man ertappt sich selbst beim Rückfall in die vertrauten Vorurteile, wenn man Hausmänner besucht, man fragt sich: Was ist das für ein Typ? Ein Versa-
20 ger? Ein Weichling?

Für Josef E. ist das Leben als Hausmann eine Art Antistreß-Programm. Er war zwar tüchtig im Beruf und stieg sogar zum Leiter eines Rechenzentrums auf, doch litt er unter dem Zwang zur Hochleistung. Den Ausschlag gab schließlich die Geburt des heute anderthalbjährigen Söhnchens Sascha. Ehe-
25 frau Helga, bildungshungrig und gewillt, zu arbeiten und später noch zu studieren, fühlte sich durch das Kind stärker angebunden, als sie es sich vorher gedacht hatte. So wechselten sie die Rollen. Er kündigte seine Stellung, sie wurde Sekretärin. „Wir diskutierten die Lösung, suchten Nachteile – und fanden keine."

30 Helga E. sagt: „Es mag ja Frauen geben, die zur Nur-Hausfrau und Mutter geboren sind; ich bin es jedenfalls nicht." Man glaubt es ihr, wenn man sie im Umgang mit dem Kind beobachtet. Als Sascha hinfällt, hebt der Vater ihn hoch: eines von den vielen Kennzeichen dafür, wer nun in erster Linie für die Kinderbetreuung verantwortlich ist. Das Einkommen der Familie ist natür-
35 lich geringer als früher; trotzdem, so meint Josef E., komme man jetzt genauso gut zurecht. Er hat seinen „dicken Wagen" verkauft und fährt mit dem Moped einkaufen.

„Und dann fallen ja auch die gesellschaftlichen Verpflichtungen weg, Einladungen für Geschäftsfreunde und so."
40 Fühlt er sich nicht abgeschnitten von den einstigen Kollegen, isoliert in dem Häuschen im Grünen, eine gute halbe Autostunde vom Kölner Zentrum entfernt? Er schüttelt den Kopf: „Ich bin ein häuslicher Mensch. Am liebsten säß' ich in einer Hütte in den Bergen".

Aber dann klagt er doch etwas. Die Hausarbeit langweile ihn schon, meint
45 er, denn „in ein paar Stunden bin ich mit allem durch". Aber nebenher hat er für die Nachmittagsstunden sein Hobby: Er bastelt kinetische Objekte.

Befragt über sein Verhältnis zu Freunden und ehemaligen Kollegen wird Josef E. deutlich: „Wir müssen uns schon sehr genau überlegen, wem wir überhaupt die Wahrheit über unsere Situation anvertrauen." Es ist ein Leben,
50 das sicher harmonisch und partnerschaftlich innerhalb der Familie ist, aber im Verhältnis zur Umwelt von Problemen belastet wird. Dennoch geben alle Hausmänner, die ich befragte, ihrer Lebensform Zukunft – und das, obwohl vor allem Emanzipationsgruppen dringend davon abraten, die bisherige Rollenverteilung der Geschlechter nun mit umgekehrten Vorzeichen zu verse-
55 hen.

Gibt es ein Patentrezept für die Aufgabenverteilung in der Ehe? Josef E. meint: Die Partner sollen je nachdem, woran jeder Spaß hat, sich für das eine oder das andere entscheiden; und dabei immer so, daß keiner von beiden zu viel leisten muß.

Nach: Cornelie Sonntag, *Schnell mit allem durch, Die Zeit,* 4. Oktober 1974

Worterklärungen

die Nase voll haben *(ugs)* etw nicht mehr mögen – **eine weiblich besetzte Domäne** *hier:* ein Gebiet, auf dem nur Frauen tätig sind – **geläufig** üblich – **überliefert** traditionell – **etw besorgen** sich um etw kümmern – **mit fliegenden Fahnen überwechseln** auf die Seite des Gegners, des Feindes überwechseln, *hier:* die Rolle der (Haus-)frau übernehmen – **desertieren** im Krieg zum Feind überlaufen – **bei etw ertappen** bei unrechtem Tun überraschen – **der Versager** jd, der nichts leisten kann – **angebunden sein** *hier:* durch Verpflichtungen belastet und deshalb unfrei sein – **die Betreuung** *Nomen zu* jdn betreuen = sich um jdn kümmern – **abgeschnitten** *hier:* isoliert – **einer Sache Zukunft geben** der Meinung sein, daß etw auch in Zukunft existieren wird – **etw mit umgekehrten Vorzeichen versehen** das Gegenteil von etw tun, es aber dadurch nicht verbessern, *hier:* dieselbe ungleiche Rollenverteilung beibehalten – **das Patentrezept, -e** Lösung, die alle Probleme löst und deshalb für alles gelten kann

Fragen zum Verständnis des Textes

1. Sind Horst Boettcher und Siegfried Weckner mit ihrer Tätigkeit voll zufrieden? Warum (nicht)?
2. Wie sieht heute die Rollenverteilung von Mann und Frau in der Ehe meistens noch aus?
3. Warum beurteilt Josef E. die Lebensform des Hausmanns so optimistisch?
4. Was denken viele, wenn sie mit einem Hausmann sprechen?
5. Aus welchen Gründen haben Josef E. und seine Frau ihre Rollen getauscht?
6. Wie unterscheidet sich das Verhältnis der beiden zu ihrem Kind?
7. Wie hat sich das geringere Einkommen auf ihr Leben ausgewirkt?
8. Fehlt dem Hausmann Josef E. der Kontakt zu seinen früheren Arbeitskollegen? Warum (nicht)?
9. Was hält er von der Hausarbeit? Was tut er deshalb?
10. Wie ist sein Verhältnis zur Umwelt?
11. Wie hat sich der Rollentausch auf seine Ehe ausgewirkt?
12. Wie beurteilen die meisten Hausmänner den Rollentausch? Welche Meinungen haben besonders Gruppen, die für die Emanzipation der Frau kämpfen?

13. Wie soll nach Meinung von Josef E. die Aufgabenverteilung in der Ehe gelöst werden?

Zur Analyse des Textes

1. Um was für eine Art von Text (Textsorte) handelt es sich? (Zu welchem Zweck und für wen ist der Text geschrieben?) Welche Stellen im Text machen das deutlich?
2. Warum enthält der Text so viele Aussagen in direkter Rede?
3. Ist der Standpunkt der Autorin zu dem geschilderten Problem des Rollenwechsels im Text zu erkennen? Wo?

Übungen zum Wortschatz

I. Was ist richtig? Entscheiden Sie mit Hilfe des Textes:

1. Brote schmieren
   a) mit Butter, Marmelade usw. bestreichen
   b) mit Wurst, Käse usw. belegen
   c) mit dem Messer schneiden

2. einschenken
   a) ein Geschenk machen
   b) geschenkt bekommen
   c) ins Glas gießen

3. vertraut
   a) bekannt, gewohnt
   b) seltsam
   c) unerhört

4. den Ausschlag geben
   a) etw zum Umfallen bringen
   b) eine Hautkrankheit bekommen
   c) entscheidend sein

5. tüchtig
   a) ordentlich
   b) leistungsfähig, erfolgreich
   c) zuverlässig

6. häuslich
   a) für Hausarbeit geeignet
   b) hausfrauliche Qualitäten besitzend
   c) gern zu Hause bleibend, zurückgezogen lebend

II. Erklären Sie, was mit folgenden Sätzen gemeint ist.

1. Das geht rein, raus, rein, raus. (Z 1)
2. Die Klage klingt vertraut, doch ungewohnt aus Männermund. (Z 7)
3. Man ertappt sich selbst beim Rückfall in die vertrauten Vorurteile. (Z 18)

III. Ersetzen Sie die fettgedruckten Wörter durch Wörter oder Wendungen mit ähnlicher Bedeutung, die in den Textzusammenhang passen.

1. **Es kommt vor,** daß ich nervös werde. (Z 3)
2. Die Zeit des Hausmanns **bricht an.** (Z 14)
3. Für Josef E. ist das Leben als Hausmann **eine Art Antistreß-Programm.** (Z 21)
4. Obwohl ihr Einkommen jetzt geringer ist, **kommen sie genauso gut wie früher zurecht.** (Z 35–36)
5. Die gesellschaftlichen Verpflichtungen **fallen weg.** (Z 38)
6. In ein paar Stunden **bin ich mit allem durch.** (Z 45)
7. Vor allem Emanzipationsgruppen **raten dringend davon ab.** (Z 53)

IV. Aus welchem Bereich stammt das Bild in Z 15–17: Es gibt viele Männer, die ... mit fliegenden Fahnen ... desertieren? *Was will die Autorin damit sagen?*

V. a) In den folgenden Gruppen von Wörtern paßt jeweils eines nicht zu den übrigen. Welches?

1. vertraut – geläufig – üblich – tüchtig
2. ertappen – überraschen – aufsteigen – erwischen
3. Versager – Weichling – Hausmann – Feigling

b) Bilden Sie jeweils mit dem Wort, das in V. a) nicht in die Reihe paßt, einen Satz, der die Bedeutung des Wortes zeigt.

Fragen zur Diskussion

1. Beschreiben Sie Josef E.
2. Beschreiben Sie auch seine Frau.
3. Glauben Sie, daß die traditionelle Rollenverteilung von Mann und Frau geändert werden sollte? Wie weit?
4. Glauben Sie, daß ein Mann die Mutterrolle ebensogut wie eine Frau übernehmen kann? Warum (nicht)?

5. Glauben Sie, daß Hausarbeit ein Antistreß-Programm ist? Warum (nicht)?
6. Wie würden die Leute in Ihrem Heimatland auf einen Hausmann reagieren?
7. Wie beurteilen Sie den Vorschlag von Josef E. am Ende des Textes?

Schreiben in Rollen

Josef E. berichtet einem Freund brieflich von seinem Leben als ‚Hausmann'.
Schreiben Sie den Brief für ihn. Achten Sie darauf, daß Sie die Form eines persönlichen Briefes einhalten.

Kraftfahrzeugmechanikerinnen ००   13

Worterklärungen

das Kabel, - elektrische Leitung in einer Gummiisolierung – **anschließen an etw** an etw festmachen und dadurch eine Verbindung herstellen – **die Zündlichtpistole, -n** Gerät in Form einer Pistole zum Einstellen der Zündung eines Autos – **die Zündung** Vorgang, bei dem das Gemisch aus Luft und Benzin in den Zylindern des Motors zur Explosion gebracht wird – **die Hauptschule** Fortsetzung der für alle Schüler verpflichtenden Grundschule, Klassen 5–9(10) – **die Textilfachschule** Schule, die im Anschluß an die Hauptschule u. a. spezialisierte Kenntnisse über die Herstellung von Stoffen (= Textilien) vermittelt – **die Absage, -n** Ablehnung – **entsetzt** erschreckt, schockiert – **dreckig** *(ugs)* schmutzig – **die Abiturientin, -nen** Mädchen, das erfolgreich alle Klassen des Gymnasiums besucht und das Abitur bestanden hat – **ölverschmiert** voller Öl – **der Overall, -s** Arbeitsanzug aus einem Stück – **der rauhe Ton** nicht sehr feine Redeweise – **brüllen** *hier:* sehr laut sprechen, schreien – **das Schimpfwort, ⁻er** Wörter wie: Du Idiot! Blöder Kerl! usw. – **selbstbewußt** vom Wert der eigenen Leistung überzeugt

Mit der Zündlichtpistole reguliert Angelika die Zündung eines Autos.

Fragen zum Hörverständnis

Sie hören den Text zweimal. Lesen Sie die folgenden Fragen, bevor Sie den Text zum zweiten Mal anhören. Beantworten Sie anschließend die Fragen.

1. Was macht Angelika mit der Zündlichtpistole?
2. Wie alt ist Angelika? Warum wurde sie Automechanikerin?
3. Wie reagierten die Betriebe zuerst, als sich Angelika um eine Ausbildungsstelle bewarb?
4. Wie fand sie dann doch einen Ausbildungsplatz?
5. Gibt es Probleme mit den Männern im Betrieb?
6. Woran muß man sich als Frau erst gewöhnen?
7. Warum waren manche Männer dagegen, daß Susi und Angelika als Mechanikerinnen arbeiteten?
8. Was meint Ausbildungsmeister Schultes über Angelika und Susi?
9. Können Angelika und Susi fest damit rechnen, daß der Betrieb sie später als Gesellinnen übernimmt?
10. Sind die männlichen Lehrlinge in einer besseren Lage?
11. Spielt nach Angelikas Meinung die geringere Körperkraft der Frauen bei der Arbeit eine Rolle?

Zur Diskussion

Gibt es Ihrer Meinung nach reine Männerberufe? Warum (nicht)?

Wo Männer verschleiert gehen **14**

*Der folgende Text handelt vom Volk der Tuareg, die im Gebiet des Hoggar- und
Tassiligebirges (Algerien) leben. „Tuareg" bedeutet „die von Gott Verstoße-
nen". Bezeichnet wurden sie so von den Moslems, die seit dem 7. Jahrhundert
vergeblich versuchten, diese Nomaden zu bekehren.*

5   Auffallend ist, daß die Frauen nicht verschleiert sind. Groß, schlank, stolz, ☐
mit geschminkten Riesenaugen, umhüllt von indigofarbenen Tüchern und
behangen mit Silberschmuck stehen sie neben ihren schwarzen Nomadenzel-
ten in dieser Bergwüste. Die Männer tragen ein bis zu zehn Meter langes
Baumwolltuch um den Kopf, das sie mit 18 Jahren bekommen und auch beim
10 Schlafen nicht abnehmen.

    Warum die Männer verschleiert sind, kann niemand genau sagen. Sicher- ☐
lich auch zum Schutz gegen Sand, Wind und Sonne. Aber warum sollten sich
dann Frauen nicht ebenfalls schützen? Als andere mögliche Erklärung erzählt man auch folgende Geschichte: Als die Tuareg nach einer verlorenen
15 Schlacht nach Hause kamen, rissen sich die bis dahin verschleierten Frauen
den Schleier vom Gesicht, beschimpften ihre Männer als Versager und
Schwächlinge und befahlen ihnen, sich zu verschleiern; sie wollten ihre Ge-
sichter nicht mehr sehen. Seither sollen die Tuaregmänner verschleiert ein-
hergehen ...

20   Aber das ist nicht alles. Genau wie die Frauen schminken sie sich die Au- ☐
gen, und sie tragen Schmuck und silberne und lederne Amulette gegen böse
Geister, auch haben sie ständig ein Parfümfläschchen bei sich. Die Frau-
Mann-Rolle scheint umgekehrt zu sein. Tatsächlich ist die Gesellschafts-
struktur der Tuareg noch stark von matriarchalischen Elementen geprägt.
25 Z. B. engster männlicher Verwandter eines Kindes ist der älteste Bruder der
Mutter; Nachfolger des Tuaregfürsten ist der Sohn der ältesten *Schwester*.
Legt die Fürsten*mutter* ein Veto ein, kann der Tuaregfürst nichts entschei-
den.

    Trotz allem kann man nicht sagen, daß die Männer eindeutig untergeord- ☐
30 net sind. Zum Beispiel in den Heiratssitten der Tuaregs wird deutlich, daß die
Gesellschaftsordnung durch die Vermischung zweier grundverschiedener
Strukturen gekennzeichnet ist: der frühen matriarchalischen und der späteren islamisch-patriarchalischen, die mehr und mehr an Bedeutung ge-
winnt.

35   Nach der Heirat lebt der Mann erst ein Jahr beim Stamm der Frau. Ist diese ☐
Zeit vorüber, kommt seine Sippe in voller Kriegsausrüstung und „raubt" die
Frau, wogegen sie sich schrecklich wehren muß. Danach setzt man sich eine
Woche lang zusammen, ißt, singt und tanzt. Dann erst geht der Tuareg mit
der Frau zu seinem Stamm.

Bei den Tuaregs ist vieles anders: Die Frauen sind die Kulturträger, die Männer gehen verschleiert.

☐ 40 Trägerinnen der Kultur aber sind heute noch die Frauen. Sie sind es, die die Schrift beherrschen. Sie spielen die Imzad, eine Art Geige, zu deren Klang gedichtet wird und Männer und Frauen tanzen.

☐ Dann gibt es noch ein ganz besonderes Fest, den „Ahal", zu dem die Frauen einladen. Da sitzt man abends vor den Zelten im Kreis und singt Kampf-
45 oder Liebeslieder. Diese Texte, die im Augenblick entstehen, sind oft ganz konkrete Liebesanträge an einen oder eine der Anwesenden. Und wenn man sich einig ist, verläßt man die Gruppe.

☐ Die Tuareg sind übrigens monogam und heiraten für afrikanische Verhältnisse ziemlich spät: die Frauen Anfang 20, die Männer Anfang 30. Bis eine
50 Tuareg-Frau sich entscheidet, welchen Mann sie nimmt, dauert es Jahre. Jahre mit vielen, langen Ahal-Nächten.

Nach: Hella Schlumberger, *Emma,* Mai 1977

Worterklärungen

verstoßen jdn zwingen, das Haus oder die Familie für immer zu verlassen – **der Moslem, -s** Mohammedaner, Anhänger des Islam – **der Nomade, -n** Angehöriger eines Volkes (von Hirten), das von Ort zu Ort zieht – **der Schleier, -** Tuch vor dem Gesicht bzw. um den Kopf – **bekehren** jdn dazu bringen, einen anderen Glauben anzunehmen – **schminken** kosmetische Mittel (Farben) auf Lippen, Haut und Augenbrauen reiben – **die Baumwolle** Wolle, die auf Pflanzen wächst – **die Schlacht, -en** schwerer Kampf (im Krieg) – **der Versager, -** jd, der nicht das Erwartete leistet – **das Amulett, -e** kleiner Gegenstand (meist um den Hals getragen), der vor Zauber schützen soll – **vor bösen Geistern schützen** gegen Dämonen schützen – **der Nachfolger, -** jd, der ein Amt von seinem Vorgänger übernimmt – **der Tuaregfürst, -en** *Fürst:* Titel des obersten Tuareg – **kennzeichnen** charakterisieren – **der Stamm, ⁓e** größere Gruppe von zusammengehörenden Familien, Sippen oder Clans – **die Sippe, -n** Gruppe von Blutsverwandten – **die**

Kriegsausrüstung, -en alles, was man für den Krieg braucht – **sich wehren** sich schützen, verteidigen – **der Anwesende, -en** jd, der bei etw dabei ist – **monogam** man hat nur eine Frau bzw. einen Mann

Übung zum Leseverständnis

Ordnen Sie die Überschriften in der Reihenfolge an, wie die Abschnitte des Textes aufeinanderfolgen. Tragen Sie in die Kästchen neben dem Text den Buchstaben der Überschrift ein. Welche Überschriften bleiben übrig?

A. Die Frauen beschimpfen ihre Männer.
B. Heiratsalter und Form der Ehe.
C. Matriarchalische Elemente bei den Tuaregs.
D. Das Ahalfest.
E. Nicht die Frauen, sondern die Männer sind verschleiert.
F. Der Einfluß des Islam.
G. Die Frauen sind groß und schön.
H. Eine besondere Heiratssitte.
I. Warum die Männer verschleiert sind.
J. Träger der Kultur.

Frage zur Diskussion

Kennen Sie weitere Fälle aus anderen Kulturen, wo die Rollen von Mann und Frau anders sind? Berichten Sie darüber.

Schreiben

Schreiben Sie eine kurze Zusammenfassung des Textes anhand folgender Fragen:

1. *Von welchem Stamm berichtet der Text? Wo lebt dieser Stamm?*
2. *Wie ist bei diesem Stamm die Rolle von Mann und Frau?*
3. *Was fällt an den Männern auf?*
4. *Welche matriarchalischen Elemente gibt es?*
5. *Sagen Sie im letzten Satz, ob die Männer in allen Bereichen völlig untergeordnet sind.*

15 In der Ehe oder in einer „Ehe ohne Trauschein" oder allein durchs Leben?

(1) Die Ehe ist der Anfang und der Gipfel aller Kultur. (Goethe)

(2) Warum sind die jungen Leute so wild aufs Heiraten? Die schönste Erklärung gab mir ein Erwachsener, Psychotherapeut und Eheberater in Hamburg: »Weil die Ehe immer noch die besten Möglichkeiten zur Selbstverwirklichung bietet. Empfindungen wie die Liebe haben sich zu allen Zeiten ihren Schutzraum gesucht. Ein Mann, eine Frau, ein Kind: das kleinste Modell der Welt. Hier kann man etwas Eigenes schaffen. Hier kann man selber Chef sein.«
Eva Windmöller, Ehen in Deutschland

(3) Kannst du mir sagen, warum ihr geheiratet habt? Ich weiß, ich weiß. Du findest es bürgerlich und überholt und all das, aber das stimmt ja längst nicht mehr. Die Beatles heiraten, und die sind ja nicht gerade bürgerlich, und die Hippies und die Linken, selbst die Großfamilien funktionieren nicht ohne Paarbindung. Bitte, vielleicht wollen sie das gerade – in aller Öffentlichkeit zeigen, daß sie jemandem verbunden sind und sagen, hier, mit dem will ich leben. Du tust immer so, als ob man sich gegenseitig Fesseln anlegt. Man kann sich auch wieder scheiden lassen.
Eva Windmöller, Ehen in Deutschland

(4) Unsere »Wilde Ehe« endet heute 14.15 Uhr auf dem Standesamt Neureut
Roswitha Schäufele Rolf Fülle
75 Karlsruhe 31, Kaltenberger Str. 8

(5) Die Ehe ohne Trauschein ermöglicht ein freieres Zusammenleben ohne die ganzen Konventionen, die man automatisch bei der Ehe mitheiratet. An den bürgerlichen Konventionen erstickt fast jede mit Trauschein geschlossene Ehe, es erstickt vor allem die Liebe. Spätestens nach 20 Jahren hat man sich sowieso nichts mehr zu sagen. Dieser Leerlauf wird auch durch die übliche Rollenverteilung in der Ehe verursacht. In der »Freien Ehe« dagegen ist es viel einfacher, von Anfang an eine gleichberechtigte Arbeitsverteilung zu praktizieren.
Niko Papastefanu, 17 Jahre

(6) Die »Ehe ohne Trauschein«, also das Zusammenleben auf Probe, kann mit der Ehe nicht gleichgestellt werden. Bei der Ehe muß man Probleme meistern. Zwei Menschen, die nur so zusammenleben, laufen dann – wenn ein großes Problem auftaucht – einfach auseinander, denn sie fühlen sich nicht so sehr aneinander gebunden. Die Ehe ohne Trauschein kommt nur den Männern zugute, die Frauen werden als Konsumware betrachtet. Wenn zwei Menschen wirklich zusammenleben wollen, dann können sie auch ruhig heiraten.
Sylvia O'Brien, 12 Jahre

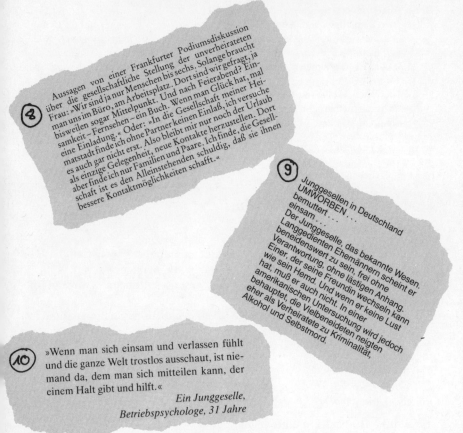

(7) Ich gehöre nicht zu den Frauen, die glauben, nur mit einem Mann glücklich sein zu können. Ich treffe ständig Männer, die mir gefallen und denen ich gefalle. Wenn tatsächlich nur zwei Menschen füreinander in Betracht kämen, unter den . . . zig Millionen auf der Welt, wie fänden diese beiden zueinander? Nein, man hat einfach seine Wahl zu treffen, und dann wird er eben der Einmalige sein, der einen glücklich macht. Ich neige nicht zu leidenschaftlichen Ausbrüchen, ich bin neugierig, ich bin unruhig, ich bin wie ein Kind, sagt mein Mann. Und ich habe wenig Hemmungen, sage ich. Konkret, ja. Konkret gehe ich gelegentlich mit einem Mann ins Bett. Seltsam, daß ich dir das eingestehe. Es ist seltsam, da ein Mann so etwas ohne weiteres eingesteht, es würde sogar sein Prestige heben. Hebt dieses Geständnis mein Prestige? Nein. Ich verberge diesen Teil meines Lebens vor anderen Menschen, da ich weiß, wie sie über Frauen wie mich urteilen und wie schlecht mein Mann dabei wegkommt.

Maxie Wander, Guten Morgen, du Schöne

(8) Aussagen von einer Frankfurter Podiumsdiskussion über die gesellschaftliche Stellung der unverheirateten Frau: »Wir sind ja nur Menschen bis sechs. Solange braucht man uns im Büro, am Arbeitsplatz. Dort sind wir gefragt, ja biswellen sogar Mittelpunkt. Und nach Feierabend? Einsamkeit – Fernsehen – ein Buch. Wenn man Glück hat, mal eine Einladung.« Oder: »In die Gesellschaft meiner Heimatstadt finde ich ohne Partner keinen Einlaß, ich versuche es auch gar nicht erst. Also bleibt mir nur noch der Urlaub als einzige Gelegenheit, neue Kontakte herzustellen. Dort aber finde ich nur Familien und Paare. Ich finde, die Gesellschaft ist es den Alleinstehenden schuldig, daß sie ihnen bessere Kontaktmöglichkeiten schafft.«

(9) Junggesellen in Deutschland UMWORBEN . . . bemuttert . . . einsam . . . Der Junggeselle, das bekannte Wesen. Von langgedienten Ehemännern scheint er beneidenswert zu sein, frei ohne Verantwortung, ohne lästigen Anhang. Einer, der seine Freundin wechseln kann wie sein Hemd. Und wenn er keine Lust hat, muß er auch nicht. In einer amerikanischen Untersuchung wird jedoch behauptet, die Vielbeneideten neigten eher als Verheiratete zu Kriminalität, Alkohol und Selbstmord.

(10) »Wenn man sich einsam und verlassen fühlt und die ganze Welt trostlos ausschaut, ist niemand da, dem man sich mitteilen kann, der einem Halt gibt und hilft.«

Ein Junggeselle,
Betriebspsychologe, 31 Jahre

Worterklärungen

der Trauschein, -e in Deutschland muß die Ehe vor einer staatlichen Behörde, dem Standesamt, geschlossen werden; das Dokument über die Eheschließung, das das Standesamt ausstellt, heißt *Trauschein* –

zu 2): **wild auf etw sein** etw sehr gern wollen – **die Selbstverwirklichung** *Nomen zu:* sich selbst verwirklichen; man verwirklicht sich selbst, z. B. in einer Aufgabe, in der man sich selbst darstellen kann

zu 3): **überholt** unmodern – **die Paarbindung** enge Beziehung zweier Partner – **jdm Fesseln anlegen** jdn anbinden, festbinden

zu 4): **die wilde Ehe** Zusammenleben von Mann und Frau ohne gesetzliche Eheschließung

zu 5): **ersticken** langsam durch Mangel an Luft sterben – **der Leerlauf** *hier:* Monotonie

zu 6): **ein Problem meistern** ein Problem lösen

zu 7): **der Einmalige** der Einzige – **der Ausbruch, -̈e** *hier:* plötzliches starkes Gefühl, das hervorkommt – **Hemmungen haben** nicht frei und ungezwungen handeln können, weil man Komplexe usw hat – **seltsam** eigenartig, ungewohnt – **schlecht wegkommen** *hier:* die anderen haben eine schlechte Meinung über jdn

zu 8): **der Junggeselle, -n** unverheirateter Mann – **jdn umwerben** jdn für sich zu gewinnen suchen – **jdn bemuttern** wie eine Mutter für jdn sorgen – **einsam** sehr allein – **der lästige Anhang** *(ugs)* *hier:* Frau und Kinder, die eine Last für den Mann darstellen

zu 9): **jdm Halt geben** jdn unterstützen und ihm/ihr dadurch das Gefühl der Sicherheit geben

Übungen zum Leseverständnis

I. Beantworten Sie folgende Fragen:

1. Welche Stellungnahmen sprechen sich eindeutig für bzw. gegen die Ehe mit Trauschein aus, ohne Gegenargumente zu nennen?
2. In welchen Stellungnahmen ist von gesellschaftlichen Zwängen die Rede?
3. Ist Ihrer Ansicht nach die Anzeige (4) eine eindeutige Stellungnahme für die Ehe oder auch ein Beispiel für gesellschaftliche Zwänge?
4. Welche Stellungnahmen beziehen sich auf Junggesellen bzw. auf Junggesellinnen?

II. Nennen Sie Sätze in den jeweiligen Stellungnahmen, die dasselbe meinen wie folgende Aussagen:

1. Die Ehe ist der Kern einer jeden Kultur.

2. Der Mensch ist nicht monogam.
3. Die Ehe ist eine bürgerliche Institution.
4. In einer „wilden Ehe" ist der Mann eher bereit, im Haushalt mitzuhelfen als in der normalen Ehe.
5. Junggesellen werden zu Unrecht beneidet.
6. Selbstverwirklichung ist am besten in der Ehe denkbar.
7. Alleinstehende leiden unter Einsamkeit.

Fragen zur Diskussion

1. Welche Voraussetzungen müssen Ihrer Ansicht nach die Partner mitbringen, um eine Ehe zu schließen?
2. Diskutieren Sie die Probleme, die für Kinder aus freien Partnerschaften entstehen können?
3. Ist die Ehe Ihrer Ansicht nach nur eine bürgerliche Institution oder eine natürliche Form des Zusammenlebens?

Sprechen und Schreiben in Rollen

I. Interviewen Sie mehrere Personen zum Thema „Heiraten oder nicht".

a) Fragen Sie, wofür Ihr Partner ist.
b) Fragen Sie, warum er diese Meinung vertritt.
c) Widerlegen Sie eines seiner Argumente.
d) Fragen Sie, was Ihr Partner zu Ihrer Kritik meint.
e) Bedanken Sie sich für das Interview.

II. Schreiben Sie einen Leserbrief an eine Zeitung und nehmen Sie zu einer der oben abgedruckten Äußerungen Stellung.
Geben Sie zu Anfang an, auf welche Stellungnahme Sie sich beziehen.
Folgende Punkte sollen in Ihrem Brief behandelt werden:

- *ob Sie den Leserbrief auf Grund eigener Erfahrungen oder Kenntnisse schreiben*
- *ob Sie zustimmen oder eine andere Meinung vertreten*
- *welche Argumente Sie besonders unterstützen*
- *welche Argumente Sie für falsch halten*
- *welche Argumente fehlen, aber wichtig sind*
- *wie man diese Frage in Ihrem Heimatland beurteilt*

16 Wohngemeinschaften Ꮿ

Worterklärungen

die Erwägung, -en Überlegung – **Zutritt zu etw haben** hineingehen dürfen – **die Bezugsperson, -en** Person, zu der man Vertrauen hat und zu der ein enger Kontakt besteht – **Ansprüchen ausgesetzt sein** andere verlangen viele Dinge von jdm – **der Trubel** die Unruhe, das Durcheinander – **Ausgaben decken** *hier:* ausreichend Geld für die gemeinsamen Ausgaben geben – **die Rücksichtnahme** jd nimmt auf den anderen Rücksicht, indem er bei den eigenen Handlungen die Wünsche, den Charakter des anderen nicht vergißt – **auf der Strecke bleiben** *hier:* nicht Wirklichkeit werden – **zuständig** verantwortlich – **ein Konzept durchhalten** eine Idee trotz Schwierigkeiten durchführen – **rational** von der Vernunft ausgehend – **die Geborgenheit** Gefühl des Wohlseins und der Sicherheit – **die additive Großfamilie** Gemeinschaft, die sich aus einzelnen, relativ unabhängigen Kleinfamilien zusammensetzt – **die Wurzel, -n** *hier:* Grund

Vorbereitendes Gespräch

1. An die Stelle der Großfamilie, bei der mehrere Generationen unter einem Dach leben, ist in den industrialisierten Ländern die Kleinfamilie getreten. Sie besteht aus Mann und Frau und meist ein bis zwei Kindern. Welche Vor- und Nachteile existieren in dieser Lebensform gegenüber der einstigen Großfamilie a) für die Ehepartner b) für die Kinder?
2. Von welchen anderen Formen des Zusammenlebens haben Sie schon gehört oder gelesen? Aus welchen Gründen gibt es sie wohl?

Übung zum Hörverständnis

a) Sie hören den Text zweimal. Lesen Sie die folgenden Behauptungen vor dem ersten Anhören und kreuzen Sie dann, während Sie den Text abschnittweise hören, die richtigen Lösungen an.

1. Wohngemeinschaften werden aus politischen, sozialen und wirtschaftlichen Motiven gegründet.
2. Die Tendenz zur Gründung von Wohngemeinschaften nimmt in der Bundesrepublik in den letzten Jahren ab.
3. Die Wohngemeinschaft, von der hier die Rede ist, besteht nur aus Ehepaaren.

Wohngemeinschaft beim Essen

4. Die Situation der Kinder, der Frauen und der Berufstätigen waren der Hauptgrund, diese Wohngemeinschaft zu gründen.
5. Die Kosten für den Haushalt, z. B. für die Lebensmittel, Telefon usw. werden aus einer gemeinsamen Kasse bezahlt.
6. Alle, auch die Berufstätigen, müssen bei der Hausarbeit mithelfen.
7. Es zeigte sich, daß die Kinder schon so sehr an ihre eigenen Eltern gebunden waren, daß sie andere Bezugspersonen nicht akzeptierten.
8. Die Wohngemeinschaft bot zwar mehr Möglichkeiten zur Kommunikation zwischen den einzelnen Mitgliedern, dennoch leben die einzelnen Familien relativ stark für sich.
9. Bei der wöchentlichen Besprechung stehen persönliche Probleme und Probleme der Kindererziehung an erster Stelle.
10. Die Probleme der Wohngemeinschaft kommen nach Meinung des Interviewten daher, daß diese Form des Zusammenlebens unnatürlich ist.

b) Sie hören den Text ein zweites Mal. Notieren Sie beim Abspielen des Bandes stichwortartig die Vorteile und Probleme dieser Wohngemeinschaft.

Fragen zur Diskussion

1. Welche Voraussetzungen sind für die Gründung einer Wohngemeinschaft notwendig? (Alter, Charakter usw.)
2. Welche Vor- und Nachteile gibt es a) für die Ehepartner b) für die Kinder?
3. Würden Sie auf Grund der gehörten Informationen sich zu einem Leben in dieser Wohngemeinschaft entschließen? Warum (nicht)?

Jugend

17 Eltern im Urteil ihrer Söhne und Töchter

Aus Berichten von Achtzehnjährigen

eine Stenotypistin

Meine Eltern sind beide berufstätig, angeblich, damit mein Bruder studieren kann. In Wirklichkeit sind ihnen die Ratenzahlungen über den Kopf gewachsen. Abends sind sie natürlich abgespannt und sagen, sie müßten sich entspannen. Das tun sie vor dem Fernsehapparat. Als junger Mensch hat man Lust nach Unterhaltung und Gedankenaustausch. Fernsehen und Gespräch passen aber nicht zusammen. So leben wir einfach nebeneinander her. Weil das auf die Dauer kein erfreulicher Zustand war, wurde ich Mitglied bei den Naturfreunden. Hier finde ich das Echo, das man dringend braucht, wenn man jung ist.

Man muß unterscheiden zwischen Güte und Schwäche. Ich habe früher oft einen Freund beneidet, der alle Freiheiten hatte; er durfte kommen und gehen, wann er wollte, und hatte immer sehr viel Taschengeld. Seine Eltern kümmerten sich wenig um ihn. Heute bin ich davon überzeugt, daß sie es aus Bequemlichkeit taten. Sie wollten ihre Ruhe haben. Meine Eltern legten stets Wert darauf, zu wissen, was ich in meiner Freizeit unternehme. Hin und wieder kam es vor, daß sie mir etwas verboten. Ich hatte dann immer große Wut. Aber ihr Verhalten war trotzdem richtig. Wir haben nie den Kontakt zueinander verloren. Man muß ein gewisses Alter erreicht haben, bis man einsieht, daß es die »Alten« gar nicht so schlecht meinen.

ein Verwaltungslehrling

Aus der Manuskriptsammlung eines Erziehungsberaters

eine Friseuse

Leicht haben es die Eltern
nicht mit uns. Sie geben sich viel
Mühe, uns anständig zu erziehen
und vor Gefahren zu schützen.
Wir sehen das aber selten ein. Kinder
sollten sich auch einmal in die Lage
der Eltern versetzen. Dann wären sie
bestimmt nicht immer so ungerecht.
Wenn man den Eltern nur ein bißchen
Zuneigung entgegenbringt und wenn man
auf ihre Anregungen eingeht,
sind sie auch nicht kleinlich,
wenn man eigene Wünsche hat.

Ich habe mir meine Eltern nicht
ausgesucht. Ich bin auch nicht für
mein Dasein verantwortlich. Im Gegenteil.
Indem sie mich in die Welt setzten,
haben sie mir gegenüber eine Verpflichtung
übernommen. Sie müssen für mich sorgen,
mir zu einer Ausbildung verhelfen.
Sie sollten bereit sein, Unbequemlichkeiten
in Kauf zu nehmen, indem sie für
mich da sind, wenn ich sie brauche.
Gut, sie sorgen für mich, sie geben mir auch
eine Chance, etwas Vernünftiges zu
lernen. Aber sie versagen, wenn ich ihnen
unbequeme Fragen stelle. Sie haben
keine Zeit, wenn ich mit ihnen
diskutieren möchte. Sie verbieten,
wenn ich einen Wunsch habe, der nicht
in ihr sogenanntes Erziehungsprogramm
paßt. Allein der Verbote
wegen kann ich in meinen Eltern
kein Vorbild sehen.

ein Gymnasiast

Worterklärungen

die Stenotypistin, -en Sekretärin, die Kurzschrift und Maschinenschreiben beherrscht – angeblich als Grund wird angegeben – die Ratenzahlung, -en etw wird nach und nach bezahlt – über den Kopf wachsen *hier:* zu viel sein – abgespannt sehr müde – sich entspannen sich ausruhen, erholen – ein Echo finden eine Reaktion erhalten – einsehen *hier:* verstehen – sich in die Lage von jdm versetzen sich in die Situation eines anderen hineindenken – entgegenbringen zeigen – auf eine Anregung eingehen einen Vorschlag akzeptieren – kleinlich *Gegs.* großzügig, großherzig – die Zuneigung, -en freundschaftliche Sympathie – in Kauf nehmen akzeptieren – versagen nicht das Erwartete leisten – das Vorbild, -er Muster, Beispiel

Übungen zum Wortschatz

I. Drücken Sie die fettgedruckten Ausdrücke nominal aus.

1. Er **muß sich entspannen.**
2. Man muß ein gewisses Alter haben, **bis man einsieht,** daß es die „Alten" gar nicht so schlecht meinen.
3. Er **gibt sich Mühe, uns anständig zu erziehen.**
4. Sie haben keine Zeit, **wenn ich mit ihnen diskutieren möchte.**
5. **Ich bin davon überzeugt,** daß sie es aus Bequemlichkeit taten.

II. Drücken Sie die fettgedruckten Ausdrücke verbal aus.

1. Als junger Mensch hat man **Lust nach Unterhaltung und Gedankenaustausch.**
2. Sie sind nicht kleinlich, **wenn man eigene Wünsche hat.**
3. Sie müssen mir **zu einer Ausbildung** verhelfen.
4. **Allein der Verbote wegen** kann ich in ihnen kein Vorbild sehen.

Übung zum Leseverständnis

1. Zu welcher Stellungnahme passen welche Adjektive? (Es sind mehrere Lösungen möglich.)
   einseitig, radikal, lächerlich, ausgewogen, übertrieben, verständnisvoll, vorwurfsvoll, realistisch, ironisch
2. Wie können Sie Ihr Urteil begründen?

Fragen zum Text

1. Was kritisieren die Jugendlichen an ihren Eltern? Stellen Sie eine Liste zusammen und geben Sie – wenn möglich – die Gründe für die Kritik der Jugendlichen an.
2. Was verlangen die Jugendlichen von ihren Eltern? Wie reagieren die Stenotypistin und der Verwaltungslehrling auf das Verhalten ihrer Eltern?
3. Welche Fehler der Jugendlichen werden genannt?
4. Was wird an den Eltern gelobt?

Fragen zur Diskussion

1. Welche Stellungnahme ist Ihnen am sympathischsten? Warum?
2. Was halten Sie von der Meinung des Gymnasiasten (der Friseuse)? Was würden Sie darauf antworten?
3. Warum gibt es Ihrer Meinung nach gerade Probleme zwischen Jugendlichen im Alter von 14–18 Jahren und Erwachsenen? Warum weniger zwischen Kindern und Erwachsenen?
4. Welches sind Ihrer Meinung nach die wichtigsten Erziehungsprinzipien bei der Kindererziehung?

Sprechen

Machen Sie sich zu folgendem Thema Stichworte. Dazu haben Sie 15 Minuten Zeit. Halten Sie dann einen kleinen Vortrag von 5 Minuten zu der Frage:

„Wie ist in Ihrem Land das Verhältnis zwischen jungen und alten Menschen? Gibt es einen Generationskonflikt"?

18 Erziehungsziele

Das Allensbacher Institut für Demoskopie machte 1975 in der Bundesrepublik Deutschland folgende Umfrage zum Thema „Erziehungsziele":

Frage: „Eine Frage zur Erziehung. Wir haben einmal eine Liste zusammengestellt mit den verschiedenen Forderungen, was man Kindern für ihr späteres Leben alles mit auf den Weg geben soll, was Kinder im Elternhaus lernen sollen. Was davon halten Sie für b e s o n d e r s wichtig?" (L)

	Gesamt	Altersgruppen 16—29	30—44	45—59	60 u. älter	Volks- schule	Höhere Schule
	%	%	%	%	%	%	%
Höflichkeit und gutes Benehmen	74	64	74	77	83	76	69
Sich durchsetzen, sich nicht so leicht unterkriegen lassen	69	72	70	69	63	69	68
Die Arbeit ordentlich und gewissenhaft tun	67	55	66	73	77	71	59
Andersdenkende achten, tolerant sein	67	69	70	68	61	61	82
Sparsam mit Geld umgehen	65	49	62	71	80	70	52
Gesunde Lebensweise	57	46	55	61	66	56	58
Menschenkenntnis, sich die richtigen Freunde und Freundinnen aussuchen	56	58	53	61	54	54	63
Sich in eine Ordnung einfügen, sich anpassen	56	45	56	59	65	58	50
Wissendurst, den Wunsch, seinen Horizont ständig zu erweitern	49	49	52	50	45	42	67
Interesse für Politik, Verständnis für politische Zusammenhänge	33	36	32	32	30	27	47
Freude an Büchern haben, gern lesen	30	21	29	36	36	26	40
Bescheiden und zurückhaltend sein	30	18	22	34	48	32	24
Technisches Verständnis, mit der modernen Technik umgehen können	29	28	30	29	27	29	29
Festen Glauben, feste religiöse Bindung	26	14	22	26	44	28	22
An Kunst Gefallen finden	17	12	16	19	22	13	28
	725	636	709	765	801	712	758

Header above: Juli 1975 *) — Gesamt | Altersgruppen | Schulbildung

Allensbacher Jahrbuch der Demoskopie, 1976, hrsg. von Elisabeth Noelle-Neumann, Verlag Fritz Molden

Worterklärungen

sich durchsetzen, sich nicht so leicht unterkriegen lassen gegen den Widerstand von andern etw erreichen – **sich anpassen** sich seiner Umwelt einpassen, sich an andern orientieren – **bescheiden** nicht eingebildet, nicht arrogant

Übungen zum Wortschatz

Ergänzen Sie sinngemäß (mit Hilfe des Textes):

1. Ein höflicher Mensch legt Wert auf . . . .
2. Ein Mensch mit Durchsetzungskraft läßt . . . .
. . . .
3. Wenn man Andersdenkende achtet, ist . . . .
4. Einem guten Menschenkenner fällt es leicht, sich . . . .
. . . .
5. Wer sich leicht anpaßt, dem fällt es nicht schwer, sich . . . .
. . . .
6. Ein guter Arbeiter macht . . . .
. . . .
7. Ein unpolitischer Mensch . . . .
. . . .
8. Ein kulturell interessierter Mensch . . . .
. . . .
9. Er hat . . . . , denn er ist sehr religiös.
10. Bescheidenheit bedeutet, daß man . . . .

Fragen zum Text und zur Diskussion

1. Zu welchem Zweck wurde diese Umfrage durchgeführt? Wer wurde befragt?
2. Wo finden Sie große Unterschiede (8 und mehr Prozent) zwischen der Meinung der 16–29jährigen und den über 60jährigen? Wie erklären Sie diese Unterschiede?
3. Bestätigt/widerlegt diese Meinungsumfrage das Bild, das Sie von den Deutschen haben?
4. Welche Ziele fehlen Ihrer Meinung?
5. Welche Ziele würden bei einer Meinungsumfrage in Ihrem Land ganz oben stehen?

Schreiben

Schreiben Sie eine kurze Zeitungsnotiz über diese Meinungsumfrage, die über Erziehungsziele in der Bundesrepublik informiert. Beachten Sie folgende Punkte:

1. Drücken Sie in der Überschrift zu der Zeitungsnotiz das (Ihrer Meinung nach) wichtigste Ergebnis dieser Meinungsumfrage aus.
2. Beschreiben Sie kurz die für die Deutschen wichtigsten (über 60 Prozent) bzw. am wenigsten wichtigen (30 Prozent und weniger) Erziehungsziele.
3. Beschreiben Sie, in welchen Punkten sich die Meinung der 16–19jährigen von der der über 60jährigen stark unterscheidet.
4. Was überrascht Sie? Paßt diese Statistik zum Bild, das man sich in Ihrem Land von den Deutschen macht?

Sprechen

Machen Sie sich zu folgendem Thema Stichworte. Dazu haben Sie 15 Minuten Zeit. Halten Sie dann einen Vortrag von 5 Minuten zu der Frage:

„Welche Ziele verfolgt man in Ihrer Heimat mit der Kindererziehung und welche Methoden wendet man dabei an?"

19 Kindererziehung bei afrikanischen Stämmen ∞

Worterklärungen

Pfeil und Bogen Waffe; der Pfeil wird mit dem gespannten Bogen abgeschossen – **der Speer, -e** Wurfwaffe; langer Stab, Stock mit Eisenspitze – **der Korb, ⁻e** Behälter aus Zweigen, *hier:* aus Gras, in dem man Gegenstände tragen kann – **das Korn** *hier:* Getreide – **stampfen** durch Stoßen mit einem Stock zerkleinern, zerdrücken – **der Kürbis, -se** große, runde, gelbe Frucht – **die Fabel, -n** lehrhafte Erzählung – **die Ehrfurcht** Achtung, Respekt – **Gehorsam entgegenbringen** gehorchen – **der Stamm, ⁻e** größere Gruppe von Familien, Clans – **manierlich** gut erzogen – **betteln** öffentlich fremde Menschen um eine Gabe (z. B. Geld) bitten – **fluchen** *„zum Teufel mit dir"* ist ein Fluch

Schon früh werden die Kinder in die Arbeiten der Erwachsenen miteinbezogen. Hier: Frauen und Kinder beim Reisdreschen in Sierra Leone (Westafrika).

Übungen zum Hörverständnis

Lesen Sie die folgenden Fragen, bevor Sie den Text hören (Sie hören ihn zweimal). Nach dem ersten Hören können Sie sich Stichworte aufschreiben. Beantworten Sie nach dem zweiten Anhören die Fragen schriftlich.

1. Was ist typisch für das Spiel der Kinder? Wie unterscheiden sich die Spiele der Jungen und Mädchen?
2. Was machen die Mädchen ab 5 Jahren? Wie wachsen sie in die Rolle der Mutter hinein?
3. Warum werden den Kindern Märchen erzählt? Was ist in fast allen Erzählungen enthalten?
4. Was erfahren Sie über den Gehorsam bei afrikanischen Kindern?
5. Welche Rolle spielt die Höflichkeit?
6. Welche weiteren Erziehungsziele werden genannt?
7. Welches ist das wichtigste Ziel?
8. Wie versucht man, dieses Ziel zu erreichen?

Fragen zum Vergleich der Texte, „Erziehungsziele" und „Kindererziehung bei afrikanischen Stämmen"

1. In welcher Weise unterscheiden sich die Erziehungsziele bei afrikanischen Stämmen von denen in der Bundesrepublik Deutschland? Welche Ziele

spielen in beiden Kulturen eine große Rolle? Berücksichtigen Sie besonders: Gehorsam, (Anpassung), Höflichkeit, Durchsetzungsfähigkeit.
2. Welche 6 Ziele halten Sie persönlich für die wichtigsten? Begründen Sie Ihre Wahl.

20 Schneller, höher, weiter!

Leistungssport in den Schulen?

Seit sechs Jahren findet in West-Berlin eine Sportaktion statt, die den stolzen Titel „Jugend trainiert für Olympia" trägt. Jedes Jahr im Frühjahr und im Herbst kommen 2000 bis 3000 Jungen und Mädchen zwischen 13 und 19 Jahren in die Stadt an der Spree, um mit ihrer Schulmannschaft eine Medaille
5 nach Hause zu holen.

Wichtig an diesem bundesweiten Sportwettbewerb ist vor allem, daß es keine Einzelwertungen, sondern nur Mannschaftswertungen – in diesem Falle für Schulmannschaften – gibt. Jährlich beteiligen sich ungefähr 300 000 Schüler an den Ausscheidungswettkämpfen, die den Besten schließlich die
10 Fahrkarte nach West-Berlin bringen.

Ziel der Aktion ist es, den Leistungsgedanken auch in den Schulsport zu bringen und von früh an vielversprechende Talente zu entdecken und zur Leistungsspitze zu bringen. Das Olympia der Schulen ist damit eine ganz bewußt auf Leistungssport orientierte Angelegenheit.
15 Das ist sicher nicht ganz unproblematisch. Erstens fehlt es in der Bundesrepublik Deutschland weiterhin an Ideen für den Breitensport. Zweitens weiß man um den heiklen Zusammenhang zwischen Leistungssport und Politik, sprich: nationalem Prestige. Und drittens: der „Leistungsgedanke" als solcher oder auch die „Leistungsgesellschaft" ist nicht ohne Grund in den letz-
20 ten Jahren starker Kritik ausgesetzt gewesen. Außerdem ist Leistungssport für den einzelnen Sportler auch keine ganz ungefährliche Sache. Man weiß, daß in manchen Disziplinen die Grenzen der menschlichen Leistungsfähigkeit längst erreicht oder vielleicht sogar überschritten sind. Die stete Suche nach neuen Rekorden muß mancher Sportler mit seiner Gesundheit teuer be-
25 zahlen.

Trotz allem ist es für die Jugendlichen, die den Sprung in die Berliner Endausscheidung schaffen, natürlich ein großes und aufregendes Erlebnis.

Dafür sorgt neben den Wettkämpfen auch das bunte Rahmenprogramm, das
sich die Berliner Organisatoren ausgedacht haben.

30   Was für die Jugendlichen aber vielleicht noch wichtiger als eine Medaille
ist: sie sind eine Woche unter sich, weg von den Alten, und machen sich – neben den durch die Organisatoren geplanten Veranstaltungen – ihr eigenes
Rahmenprogramm. Abends wird Berlin entdeckt, getanzt, gesungen und sich
ganz einfach amüsiert.

Scala-Jugendmagazin, 1/1975

Worterklärungen

bundesweit in allen Bundesländern der Bundesrepublik – **der Sportwettbewerb, -e**
sportlicher Wettkampf um die beste Leistung – **die Einzelwertung, -en** die Beurteilung
eines einzelnen Sportlers – **der Ausscheidungswettkampf, ⁼e** *hier:* die Sieger dieser
Wettkämpfe nehmen an den Endkämpfen in Berlin teil, die Verlierer können nicht
mehr weitermachen – **das Talent** *hier:* jd mit besonderen sportlichen Fähigkeiten – **der
Breitensport** Ziel dieses Sports ist, daß möglichst viele Leute Sport treiben, ohne an besondere Leistungen zu denken – **heikel** schwierig – **sprich** gemeint ist – **der Kritik ausgesetzt sein** kritisiert werden – **die menschliche Leistungsfähigkeit** Leistungen (*hier:*
sportliche), die der Mensch erbringen kann – **die Sucht** krankhafter Wunsch nach etw –
den Sprung in die Endausscheidung schaffen an den Endkämpfen teilnehmen dürfen –
das Rahmenprogramm, -e *hier:* Programm neben den Sportwettkämpfen, z. B. Tanz-
veranstaltungen – **sich amüsieren** sich vergnügen

Übung zum Leseverständnis

*Suchen Sie die Textstellen zu folgenden Fragen. Schreiben Sie auf, in welchen
Zeilen Sie die entsprechende Information finden.*

                                                Zeile

1. An welchen Stellen findet man Angaben darüber, wann
   und wo „Jugend trainiert für Olympia" stattfindet?   ....
2. Wo finden wir Informationen über die Zahl der Teilneh-
   mer?   ....
3. Welche Textstellen geben Auskunft über das sportliche
   Ziel von „Jugend trainiert für Olympia"?   ....
4. Wo überall finden wir kritische Argumente gegen den Leistungssport?   ....
5. In welchen Zeilen gibt es Aussagen darüber, warum Berlin
   für die Jugendlichen ein aufregendes Erlebnis ist?   ....

Übungen zum Wortschatz

1. „jährlich" (Z 8) bedeutet . . . .
2. „Die Ausscheidungswettkämpfe bringen den Besten die Fahrkarte nach West-Berlin" (vgl. Z 9–10).
   Ergänzen Sie sinngemäß:
   Nur die Sieger der Ausscheidungskämpfe . . . . nach . . . .
   . . . .
   Nur die Sieger . . . . an den Wettkämpfen in . . . .
   . . . .
   Nur die Sieger . . . . den Sprung nach . . . .
   . . . .
3. „Mannschaftswertung" (Z 7)
   Aus welchem Bestandteil dieses Wortes können Sie ein Verbum bilden?
   Ergänzen Sie sinngemäß: Nur Mannschaften werden ge . . . .
4. „Leistungsspitze" (Z 13)
   Bilden Sie ein neues Wort, indem Sie beide Bestandteile vertauschen: . . . .
   . . . .
   Ergänzen Sie sinngemäß: Die Talente sollen später . . . .
   . . . . erreichen.
5. *Auf welchen vorher im Text genannten Satz bezieht sich* „damit" (Z 13)?
   Unterstreichen Sie die entsprechende Textstelle.
6. *Unterstreichen Sie den Ausdruck, der den Zusammenhang zwischen Leistungssport und Politik beschreibt.*
7. „Das Olympia der Schulen" (Z 13).
   Welche anderen Ausdrücke dafür finden Sie im Text? Unterstreichen Sie.

Fragen zur Diskussion

1. Was gefällt Ihnen am Wettbewerb „Jugend trainiert für Olympia"?
2. Gibt es in Ihrem Land einen ähnlichen Wettbewerb? Berichten Sie darüber.
3. Berichten Sie über den Schulsport in Ihrem Land.
4. Haben die Olympischen Spiele heute noch einen Sinn? Sammeln Sie Argumente dafür und dagegen. Diskutieren Sie mit einem Partner.
5. Sammeln Sie Argumente für und gegen den Leistungssport.

Schreiben

Schreiben Sie mit Hilfe folgender Stichpunkte eine kurze Zusammenfassung über „Jugend trainiert für Olympia" (5 Sätze):

jedes Jahr / in Berlin / Wettbewerb / Jugend trainiert für Olympia – Schulmannschaften / alle Bundesländer – keine Einzelwertung – Ziel / Talente entdecken / Leistungssport in Schulen – Rahmenprogramm / Vergnügen kommt nicht zu kurz

Sprechen in Rollen

Sie sind Politiker und wollen den Breitensport mehr fördern. Dazu halten Sie eine kurze Rede. Verwenden Sie u. a. die folgenden Stichpunkte:

zu viel für Leistungssport getan – Breitensport fördern – wichtig in unserer Zeit – warum? dient der menschlichen Gesundheit – fördert Geselligkeit – guter Ausgleich zur Arbeit – Menschen sitzen viele Stunden im Büro – keine körperliche Arbeit – brauchen Bewegung – fühlen sich krank – also: gute Unterbrechung des Alltags – man fühlt sich wohler und ausgeglichener – außerdem: ohne Breitensport keine Talentsuche möglich – Breitensport fördert den Leistungssport – deshalb: Staat muß mehr Geld für Breitensport ausgeben – Sporthallen bauen, Sportplätze, Schwimmbäder

Ist Pop und Rock die Musik unserer Zeit? ༄ 21

Worterklärungen

der Schulchor, ¨-e Gruppe singender Schüler – **eine große Rolle spielen** sehr wichtig sein – **die Entspannung** die Erholung, das Ausruhen – **der Kummer** Sorge – **ungezwungen** natürlich, frei – **primitiv** einfach, im Niveau niedrig – **eintönig** monoton, langweilig – **der Klassiker** *hier:* ein Künstler, dessen Werke über seine Zeit hinaus als mustergültig anerkannt werden – **der Dirigent, -en** Leiter eines Orchesters oder Chores

Vorbereitendes Gespräch

1. Welche Musik hören Sie gerne?
2. Was ist unter „Klassischer Musik" zu verstehen?
3. Warum hören Sie Musik? Welche Musik hören Sie gerne?

Übungen zum Hörverständnis

Sie hören den Text zweimal. Nach dem ersten Mal und beim zweiten Anhören können Sie sich Stichworte aufschreiben (Notizen machen).

Beantworten Sie in Stichworten:

1.	Wie oft hören die Jugendlichen Musik? Welche Musik gefällt ihnen am besten?	Welche Rolle spielt die Musik für sie?
Ute		
Jan		
Katja		
Patrik		

2. Welche Argumente werden im Interview genannt?

a) Für klassische Musik, gegen Beat	b) Für Beat, gegen klassische Musik

Fragen zur Diskussion

1. Suchen Sie weitere Argumente für und gegen Beat (für und gegen klassische Musik).
2. Berichten Sie über den Musikgeschmack der Jugend in Ihrem Land.
3. Soll man neben klassischer Musik auch über Beat und Rock im Musikunterricht sprechen? Begründen Sie Ihre Meinung.
4. Wie erklären Sie sich die Beliebtheit des Beat bei Jugendlichen?

Sprechen in Rollen

Machen Sie mit einem Partner ein Interview zum Thema: „Klassische Musik oder Beat?" Erfragen Sie auch, warum und wie oft Ihr Partner Musik hört. Schreiben Sie sich vorher einen Fragenkatalog auf. Notieren Sie sich die Antworten Ihres Partners in Stichworten. Berichten Sie der Klasse über dieses Interview.

Der Teenager als Massenkonsument   22

Wenn man mit offenen Augen durch eine Großstadt geht, wird einem auffallen, daß fast an jeder Geschäftsstraße mindestens eine sogenannte Boutique zu finden ist. Diese neuen Geschäfte stechen durch besonders „poppige" Aufmachungen hervor, das heißt, die Schaufenster sind extravagant dekoriert –
5 nicht selten findet man zwischen den ausgestellten Waren ein altes Fahrrad oder ganz einfach Gemüse wie Kartoffeln, Salatköpfe usw. – und die Fassade ist bunt bemalt. Sonderangebote heißen hier „Hits", und Spitzenmodelle werden „Top-Modelle" genannt. Es hat allen Anschein, als sei eine Boutique etwas ganz Neues; doch wenn man einen solchen Laden näher betrachtet, bemerkt man, daß er nichts anderes ist als ein gewöhnliches Geschäft oder ein
10 Kaufhaus, nur mit dem einen Unterschied, daß die Preise meist sehr viel höher liegen als woanders. Die klugen Geschäftemacher haben gemerkt, daß sie mehr Gewinn erzielen können, wenn sie die Jugend in ihren Kundenkreis einbeziehen. Dabei drängt sich einem die Frage auf, wieso trotz der hohen
15 Preise die jungen Leute noch soviel dort kaufen, daß die Unternehmer ein glänzendes Geschäft machen können.

☐   Zweifellos ist daran in erster Linie die Werbung schuld. Mit raffinierten
Tricks werden die Jugendlichen in die Boutiquen gelockt. In den Zeitungen
kann man sie lesen, im Radio hören und im Fernsehen sehen, die dummen
20 Sprüche; unter farbenstrotzender Aufmachung, mit möglichst viel englischen
Ausdrücken garniert, mit hartem Beat im Hintergrund werden Fragen wie
diese gestellt: „Wollt ihr top sein, oder wollt ihr rumlaufen wie anno dazumal?
Wenn ihr nicht out sein wollt, dann kauft in der Boutique ‚Miriam‘!" Ein
Teenager, der etwas auf sich hält, kann also gar nicht anders, meint er, als in
25 einer solchen Boutique zu kaufen und nochmal zu kaufen.

☐   Es ist daher nicht verwunderlich, daß ganze Konzerne von den jungen Leuten leben. Allein die Schallplattenfirmen machen Millionenumsätze mit
Beat-, Soul-, Underground- und Bluesplatten, die gekauft werden wie die
warmen Semmeln.

30   Um den maximalen Gewinn aus den kaufwütigen Teenagern herauszuzie-
☐ hen, die immer „top" sein wollen, mit der Mode gehen wollen, wird diese
Mode dauernd geändert. Einmal werden die Röcke kürzer, dann wieder länger, die Hosenbeine breiter bzw. schmaler, die Absätze der Schuhe höher und
wieder niedriger – und die Menschen unterwerfen sich mehr oder weniger
35 willig dem Diktat der „Modeschöpfer". Wenn ein Jugendlicher also nicht zurückstehen will, bleibt ihm nichts anderes übrig als zu kaufen.

☐   Ein beträchtlicher Teil des Taschengeldes wird für Zeitschriften ausgege-
ben, die eigens für die Jugend gedruckt werden. Blätter wie „Bravo", „Twen",
„Konkret" oder „Underground" tun für den Teenager das, was die Bildzei-
40 tung für den Arbeiter tut: Sie schreiben, was ihre Leser gerne lesen wollen.

☐   Die vielen angebotenen Waren, ob Pullis, Zeitschriften oder Petroleum-
lampen kosten eine Menge Geld. Der Jugendliche braucht also mehr Geld
von den Eltern – und schon gibt es Streit, denn die Eltern halten von diesem
45 „neumodischen Zeugs" nichts, sie wollen lieber, daß ihre Kinder das Einteilen und Sparen lernen. Der Teil der Jugend, der schon arbeitet, verlernt das
Haushalten, wenn er sich als Massenkonsument ausnützen läßt.

Steinbügl, *Der deutsche Aufsatz*, R. Oldenbourg

Worterklärungen

hervorstechen auffallen – **poppig** sehr bunt – **die Aufmachung** *hier:* Dekoration – **extravagant** außergewöhnlich – **der Geschäftemacher, -** jd, der aus allem ein Geschäft zu
machen versucht – **einbeziehen** hinzurechnen – **raffiniert** schlau, klug ausgedacht – **lok-
ken** *hier:* zum Eintreten verführen, animieren – **farbenstrotzend** sehr bunt, mit zu vielen Farben – **garnieren** schmücken – **anno dazumal** vor langer Zeit, früher – **out sein**

70

nicht in Mode sein – **etw auf sich halten** eine gute Meinung von sich haben, von sich überzeugt sein – **der Konzern, -e** Gruppe von zwei oder mehreren Firmen, die sich zusammengeschlossen haben – **die Semmel, -n** *süddtsch* Brötchen – **maximal** größte – **das Diktat** *hier:* Zwang; etw, was diktiert wird – **beträchtlich** ziemlich groß

Übungen zum Wortschatz

I. Welche Aussagen meinen dasselbe? Vergleichen Sie beide Gruppen. Entscheiden Sie – wenn nötig – mit Hilfe des Textes.

1. Mit raffinierten Tricks werden die Jugendlichen in die Boutiquen gelockt.

a) Man soll das Einteilen und Sparen von Geld lernen.

2. Die Firmen machen Millionenumsätze.

b) Er kann nicht verzichten.

3. Er will nicht zurückstehen.

c) Die jungen Leute werden durch alle möglichen Versprechungen verführt, in die Modegeschäfte hineinzugehen.

4. Man soll lernen, richtig Haushalten zu können.

d) Die Firmen verkaufen Waren im Wert von mehreren Millionen Mark.

II. Suchen Sie alle englischen Ausdrücke. Erklären Sie diese Ausdrücke.

III. Suchen Sie alle Ausdrücke aus dem Bereich Verkaufen – Gewinn erzielen.

Übung zum Leseverständnis

Die folgenden Überschriften ergeben – richtig geordnet – die Gliederung (Aufbau) dieses Schüleraufsatzes. Lesen Sie den Text und ordnen Sie die Überschriften den passenden Abschnitten zu. Tragen Sie vor jedem Abschnitt den entsprechenden Buchstaben in das Kästchen ein. Welche Überschrift bleibt übrig?

A. Es gibt Zeitschriften extra für die Jugend.
B. Ganze Industriezweige leben von Jugendlichen.

C. Die Jugendlichen werden gezwungen, mit der sich dauernd ändernden Mode zu gehen.
D. Die Jugendlichen streiten mit den Eltern.
E. Jugendliche brauchen heute mehr Geld.
F. Überall werden Boutiquen eröffnet, die sehr viel teurer sind, als die normalen Geschäfte.
G. Ständig wird der Teenager durch Werbung beeinflußt.

Fragen zur Diskussion

1. Bei diesem Text handelt es sich um einen Schüleraufsatz. Der Schüler ist sehr kritisch. An welchen Stellen ist das besonders deutlich zu erkennen? Unterstreichen Sie.
2. Worum geht es dem Verfasser in der Einleitung? Könnte man hier kürzen? Wo?
3. Was gefällt Ihnen an diesem Schüleraufsatz, was kritisieren Sie? Berücksichtigen Sie die Gliederung, Einleitung, Länge der Abschnitte, sprachliche Formulierungen.
4. Welche Aufgaben hat nach Ihrer Meinung die Werbung?

23 Die Jugend – unser größtes Geschäft ᏚᏠ

Worterklärungen

zugeben gestehen – **manipulieren** durch bewußte Beeinflussung in eine bestimmte Richtung lenken – **auftragen** *hier:* die Kleider lange Zeit tragen, bis sie alt oder kaputt sind – **gefällig** angenehm, passend – **Ahnung haben** Kenntnisse haben – **der Schnitt** *hier:* Art wie ein Kleid zugeschnitten ist – **das Modell, -e** *hier:* die erste Ausführung eines Kleidungsstücks – **lenken** führen

Übung zum Hörverständnis

a) Welche Aussagen sind auf der Grundlage des Textes richtig (r), welche sind falsch (f)?
Sie hören den Text zweimal. Lesen Sie die folgenden Behauptungen nach dem ersten Mal und kreuzen Sie an, welche Aussage richtig, welche falsch ist.

Ganze Industriezweige leben von dem Geschäft mit der Jugend, z. B. die Motorrad-industrie und bestimmte Sparten der Bekleidungsindustrie.

            r   f

1. Es geht hier besonders darum, daß die Wünsche der jugendlichen Konsumenten von der Werbung manipuliert werden. ☐ ☐
2. Der Einfluß der Werbung wird an Beispielen aus der Bekleidungs- und Getränkeindustrie gezeigt. ☐ ☐

b) Sie hören dann den Text noch einmal abschnittsweise. Was ist richtig, was ist falsch?

1. Die Werbechefs behaupten gewöhnlich, daß die Jugendlichen immer das bekommen, was sie auch wirklich selbst wollen. ☐ ☐
2. Herr Hecht ist unzufrieden darüber, daß die Jugendlichen sich öfter neue Kleider kaufen als früher. ☐ ☐
3. Die ältere Generation hat kein Verständnis für die Modewünsche der Jugendlichen. ☐ ☐
4. Aus Herrn Hechts Antwort kann man nicht herauslesen, daß die Bekleidungsindustrie alle Jugendlichen manipuliert. ☐ ☐
5. Vorbild der Bekleidungsindustrie ist der amerikanische Teenager, weil er weniger konservativ ist als der deutsche. ☐ ☐

6. Es ist ein großes Problem für die Bekleidungsindustrie, schon 6 bis 9 Monate vor dem Verkauf die Modelle fertig zu haben. ☐ ☐
7. Wenn sich der Geschmack der Jugendlichen plötzlich ändert, bietet die Bekleidungsindustrie neue Modelle an. ☐ ☐
8. Auch im Schlagergeschäft und der Getränkeindustrie wird der Geschmack der Jugendlichen durch Werbung stark beeinflußt. ☐ ☐
9. Für den Verkaufserfolg müssen die Werbechefs viel Mühe und Arbeit aufbringen. ☐ ☐
10. „Teenager, wir machen für euch die Mode" ist ein bekannter Werbeslogan. ☐ ☐

Fragen zum Vergleich der Texte „Der Teenager als Massenkonsument" und „Die Jugend – unser größtes Geschäft"

1. Bestätigt das Interview mit Herrn Hecht die Aussage des Textes „Der Teenager als Massenkonsument" oder nicht? Begründen Sie Ihre Meinung.
2. Sammeln Sie Argumente für und gegen die Werbung. Diskutieren Sie mit einem Partner.

Sprechen

Machen Sie sich Stichpunkte zum Thema: „Die Jugend als Ziel der Werbung". Sprechen Sie drei Minuten über dieses Thema. Sie können auch eine Werbeanzeige aus einer Zeitung oder Illustrierten zu diesem Thema interpretieren.

Aus dem Tagebuch
einer
Siebzehnjährigen

Wenn mein Freund kommt, ist es schön!

24

In der Oberstufe der deutschen Gymnasien (11. bis 13. Schuljahr) werden die Klassen, zu denen der Schüler bis dahin fest gehörte, aufgelöst. An die Stelle von Klassen treten Kurse, die der Schüler nach seinen Interessen selbst wählt. So hat fast jeder seinen eigenen Stundenplan. Nur wenige haben dieselben Unterrichts-
5 *stunden. Die Gruppen in den Kursen sind relativ klein.*
Am Ende der letzten Klasse wird der Schüler geprüft. Besteht er diese Prü-fung, so erhält er das sogenannte Abiturzeugnis. Die Noten werden in Punkten ausgedrückt. Um studieren zu können, muß der Schüler – je nach Studienfach verschieden – eine bestimmte Punktzahl im Abiturzeugnis erreichen. Denn für
10 *die meisten Fächer an den Universitäten gibt es eine Zulassungsbeschränkung, den sogenannten Numerus clausus.*

Kerstin Häfele ist Schülerin der Abschlußklasse eines Münchener Gymnasiums. Hier schildert sie einen typischen Tag ihres Lebens: Donnerstag, den 10. November.

15   6.35 Uhr: Aufstehen, Dusche, kleines Morgen-Make-up, Frühstück mit Paps und Mam. Ein Gespräch kommt nicht in Gang: Paps ist muffelig, hat Ärger im Büro.
7.45 Uhr: Im roten 414er zum Marienplatz, proppenvoll. Der Anschluß-Bus ist natürlich weg. Im Laufschritt zur Schule. Total fertig.
20   8.15 Uhr: Französisch, Grammatik und Frankreichkunde. 22 Teilnehme-rinnen. Wichtig: immer Finger heben, das macht Punkte.
9.15 Uhr: Zimmerwechsel, anderer Lehrer, neue Schülergruppe. Religion. Kein Problem; locker, leicht, läuft wie geschmiert.

75

10.45 Uhr: Mathematik – o weh! Integralfunktionen! Arbeit an der Tafel.
25 Irrsinniges Stoffpensum bei einem neuen Lehrer. Auch die Gruppe hat ge-
wechselt. Luft zum Schneiden. Richtiger Wettbewerb: Jeder gegen jeden.
Punkte sammeln, Punkte sammeln!
11.30 Uhr: Umzug in den dritten Stock, Biologie. Denke an meinen
Freund: Michael, 172 groß, schlank, blonde Haare. Wenn er zu mir kommt,
30 ist es schön ... noch zwei Tage!
12.15–14.15 Uhr: Englisch und Erdkunde, meine Lieblingsfächer. Bin ganz
groß in Form. Sammele toll Punkte; Sabine guckt ganz neidisch, hat wahrscheinlich Angst wegen Abiturnote und Numerus clausus.
15.00 Uhr: Endlich mal eine leere S-Bahn. Bin total erschöpft, bloß jetzt
35 nicht reden müssen! Dieses Hin und Her macht einen ganz kaputt, mit der
schweren Mappe!
16.00 Uhr: Endlich zu Hause. Mutti ist zum Einkaufen. Mache mir ein paar
belegte Brote und packe die Schultasche aus. Michael ruft an; langes Gespräch: Woran denkst du? Was hast du an? Es klingt zärtlich. Das ist die Stun-
40 de, wo wir uns ganz allein haben. Unheimlich schön! Noch zwei Tage ...
18.30 Uhr: Abendessen mit Paps und Mam. Der Fernseher läuft. Paps
schimpft über seinen Chef, Mam beruhigt ihn. Paps hat abends nie Lust zum
Reden; kann ihn sogar verstehen!
19.15 Uhr: Hausaufgaben. Notizen für ein Kurzreferat in Kunsterziehung.
45 Bücher lesen, genau vorbereiten. Das Referat muß eine Wucht werden –
bringt eine Menge Punkte! Es geht um ein Bild von Francisco de Goya: ‚Die
Erschießung des dritten Mai‘.
21.00 Uhr: Bin selbst ganz kaputt. Duschen, Haare waschen, ab ins Bett.
Michaels Bild an der Wand: wo er jetzt wohl ist? Am Samstag sehen wir uns
50 im ‚Blue Eden‘, für mich der schönste Tag der Woche. Er will mich öfter sehen, das geht aber nicht – wann er das endlich begreift? Ob er eine andere hat?
Keine Lust mehr, darüber nachzudenken, bin ganz müde.

Hör zu, 50/1977

Worterklärungen

Paps, Mam liebevolle Formen für Papa, Mama – **muff(e)lig** unfreundlich, nicht ge-
sprächsbereit – **proppenvoll** *(ugs)* sehr voll – **im Laufschritt** *man geht sehr schnell* – **läuft
wie geschmiert** *(ugs)* es geht ohne Schwierigkeiten – **die Integralfunktion, -en** Aufga-
benbereich der höheren Mathematik – **irrsinnig** *hier:* viel zu groß – **das Stoffpensum** für
eine bestimmte Zeit vorgeschriebener Lehrstoff – **Luft zum Schneiden** *Bild:* die Luft ist
so dick, daß man sie schneiden kann, d. h. es ist sehr schlechte Luft – **der Umzug** *hier:*

die Schüler wechseln das Klassenzimmer – **die S-Bahn** schnelle Stadtbahn, die das Zentrum der Stadt mit den Außenbezirken verbindet – **erschöpft** sehr müde, am Ende der Kräfte – **zärtlich** liebevoll – **das Referat, -e** *hier:* Vortrag zur Übung in der Schule – **eine Wucht** *(ugs)* eine großartige, wunderbare Sache

Übung zum Leseverständnis

Suchen Sie die Textstellen zu folgenden Fragen. Schreiben Sie auf, in welchen Zeilen Sie die entsprechende Information finden.

Zeile

1. Wo finden wir Angaben darüber, wann Kerstin aufsteht bzw. zu Bett geht? . . . .
2. Welche Stellen geben Auskunft über die Dauer des Unterrichts? . . . .
3. Wo finden wir Informationen über Kerstins Leistungsbereitschaft in der Schule? . . . .
4. In welchen Zeilen finden wir Angaben über Probleme mit Unterrichtsfächern? . . . .
5. Wo können wir erkennen, daß es sich um Unterricht in der Art des Kurssystems und nicht um Klassen handelt? . . . .
6. Wo erfahren wir etwas über das Verhältnis zu den Mitschülern? . . . .
7. In welchen Zeilen erfahren wir etwas über das Aussehen ihres Freundes Michael? . . . .
8. In welchen Zeilen finden wir Angaben über Kerstins Verhältnis zu Michael? . . . .
9. Wo gibt es Informationen über Kerstins Verhältnis zu ihren Eltern? . . . .
10. An welchen Stellen erkennen wir, daß die Schule für Kerstin sehr anstrengend ist? . . . .

Schreiben

Kerstin schildert einer ausländischen Brieffreundin den Vormittag in ihrer Schule.
Schreiben Sie den Brief für Kerstin. Sie müssen dazu die Tagebuchnotizen Kerstins in Sätze mit Verben verwandeln. Achten Sie auch darauf, Zeitangaben ein-

zufügen und die Sätze mit Konjunktionen zu verbinden.
Fangen Sie so an:

München, den ......

Liebe ......,
zunächst vielen Dank für Deinen letzten Brief, den ich erst jetzt beantworten
kann. Deine Frage, wie ein Schulvormittag bei mir aussieht, beantworte ich
Dir gern.
Am besten schildere ich Dir den gestrigen Tag. Wie immer klingelte mein
Wecker um 6.35 Uhr. Ich bin sofort aufgestanden und ins Badezimmer gegangen. Nachdem ich geduscht hatte, war gerade noch Zeit, um mich schnell
zu schminken. Dann ...

Sei herzlich gegrüßt
von Deiner Freundin
Kerstin

25 Zu jung für die Ehe?

Bruno und Regine Tendera arbeiten in derselben Großraumzentrale bei der
Kölner Telefonauskunft und leben im selben Einzimmerapartment im 24.
Stock des Uni-Centers.
    Im Karneval haben sie sich kennengelernt, am 11. Juni haben sie sich ver-
5 lobt, als sie gerade achtzehn und er noch siebzehn war. Den Mietvertrag, 330
Mark für 32 Quadratmeter, hat sie unterschrieben, weil er dafür noch nicht alt
genug war.
    Im Februar 1975 haben sie geheiratet: „Das ging ganz plötzlich bei uns."
Bei der Zeremonie im Standesamt waren beide in Lederjacken, sie in weißer
10 Hose, er in weißem Hemd ohne Krawatte. Die feierlichen Worte des Standes-
beamten fand Regina „irgendwie komisch". Und dann hat sie zum erstenmal
als Regina Tendera unterschrieben. „Wenn ich manchmal daran denke:
Mein Gott, du bist verheiratet auf einmal? Das wird einem erst langsam
klar."
15   Woran sie das merkt? „Früher konnte man sich aussuchen, mit wem man
ausgeht, das ist jetzt anders." Man merkt, daß sie sich hieran erst gewöhnen

muß. Sie hat sich oft gefragt, ob ein Mädchen erst noch andere Männer kennenlernen sollte.

Auch Bruno hat sich nach der Verlobung manchmal gesagt: „Nee, du mußt
20 noch'n bißchen Erfahrungen sammeln." Aber jetzt sagen beide wie ein Ehe-
paar nach der goldenen Hochzeit: Sex ist nicht die Hauptsache in der Ehe.
„Eine Frau ist nicht nur eine Frau", definiert Bruno, „eine Frau muß vor allem mein Freund sein. Und meine Frau ist wirklich ein prima Kumpel."

Nach der Verlobung haben sie das Einzimmerapartment gemietet und sind
25 zusammengezogen. Darum war Reginas Vater, ein pensionierter Polizist,
sehr froh und erleichtert, als die beiden bald heirateten. Auch Brunos Eltern
hatten nichts dagegen, daß ihr Sohn so früh heiraten wollte.

In der Wohnung der Tenderas, himmelhoch über Köln, hängen Fotos und
Poster an der Wand. Darunter steht ein Bett. Daneben das andere: die Ma-
30 tratzen direkt auf dem Fußboden. Für die Hochzeit und die ersten Möbel hat
Bruno bei der Bank ein Darlehen in Höhe von zwei Monatsgehältern aufgenommen. Er hat 2700 Mark geliehen, die sie nun wieder in kleinen Raten zurückzahlen müssen.

Als sie sich kennenlernten, hatte Regina gerade ihre erste große Enttäu-
35 schung und einen Selbstmordversuch hinter sich. „Sie wußte sich nicht mehr
zu helfen und trank viel", erzählt Bruno. „Ich hab' einfach Mitleid mit ihr ge-
habt. Ich wollte ihr da 'raushelfen."

Regina glaubt nicht, daß sie auch allein leben könnte. „Ich bin nicht sehr
selbständig. Ich brauche einen Partner oder mehrere gute Freunde." Sie
40 möchte gern ein Kind adoptieren und dazu ein eigenes haben. Am liebsten sofort. „Ich halte mich noch nicht für reif genug, um ein Kind zu erziehen",
warnt Bruno. Er spart für einen alten VW. „Wir sind 18, wenn wir jetzt ein
Kind bekämen, was hätten wir denn dann noch vom Leben?"

Nach: Peter Sager, *Zeitmagazin* Nr. 38, 12. September 1975

Worterklärungen

sich verloben jdm die Heirat versprechen – **die Zeremonie, -ien** feierliche Handlung –
das Standesamt, ̈-er Behörde, bei der die Ehe geschlossen wird – **die goldene Hochzeit**
man feiert sie, wenn man 50 Jahre verheiratet ist – **der Kumpel, -** *(ugs.)* Freund – **pensionieren** in den Ruhestand versetzen – **himmelhoch** sehr hoch, dem Himmel sehr nahe –
die Matratze, -n der weiche Teil des Bettes, auf dem man liegt – **das Darlehen, -** geliehe-
ne größere Summe Geld – **der Selbstmordversuch, -e** Versuch, sich selbst zu töten – **da
'raushelfen** *(ugs.); hier:* jdm aus einer unangenehmen Situation heraushelfen

Übung zum Leseverständnis

Welche Aussagen sind richtig (r), welche sind falsch (f)?
Geben Sie an, in welcher Zeile im Text Sie die passende Information finden.

	r	f	Zeile
1. Bruno und Regine arbeiten gemeinsam in einer Fabrik.	□	□	....
2. Sie haben sich nicht bei der Arbeit kennengelernt.	□	□	....
3. Regine ließ Bruno den Mietvertrag nicht unterschreiben.	□	□	....
4. Bei der Hochzeit waren beide recht feierlich gekleidet.	□	□	....
5. Nach der Hochzeit mußte sich Regine erst daran gewöhnen, daß sie nicht mehr mit verschiedenen Männern ausgehen konnte.	□	□	....
6. Bruno hat sich während der Verlobungszeit oft gefragt, ob er sich nicht doch zu früh gebunden hat.	□	□	....
7. Beide finden, daß es außer Sex noch wichtigere Dinge in der Ehe gibt.	□	□	....
8. Erst nach der Hochzeit sind sie in ihre gemeinsame Wohnung gezogen.	□	□	....
9. Ihr Vater war froh, als sie heirateten, weil er seine Tochter nicht mehr im Hause haben wollte.	□	□	....
10. Regine hatte gerade eine große Enttäuschung in der Liebe hinter sich, als sie sich kennenlernten.	□	□	....
11. Regine könnte sich ein Leben alleine nicht gut vorstellen.	□	□	....
12. Regine möchte zwei eigene Kinder haben.	□	□	....
13. Bruno will überhaupt keine Kinder, sondern nur das Leben genießen.	□	□	....

Fragen zum Text

1. Sind Bruno und Regine reif für die Ehe? Begründen Sie Ihre Meinung mit den Aussagen des Textes.
2. Wie beurteilen Sie die Aussichten dieser Ehe? Wo sehen Sie Probleme?

Übung zur Argumentation

Zwei Personen diskutieren über das Problem der Frühehe in westeuropäischen Ländern. Der eine ist dagegen, der andere argumentiert dafür.

Contra:
Die Frühehe ist heute zu einem ernsten Problem geworden, da die Zahl dieser Eheschließungen steigt.

Pro:
(nicht so pessimistisch sehen / mehr halten von dem Sprichwort: Jung gefreit hat selten gereut / Frühehe in vielen Ländern die Regel)
Ich sehe das nicht so pessimistisch. **Ich halte mehr** von dem Sprichwort: Jung gefreit hat selten gereut (d. h. Wer jung geheiratet hat, hat das selten bedauert). **Außerdem:** In vielen Ländern ist die Frühehe die Regel.

Übernehmen Sie die Rolle dessen, der für die Frühehe eintritt, und nehmen Sie Stellung wie im obigen Muster.
Hier einige weitere Beispiele, wie Sie Ihre Stellungnahme einleiten können:

Das ist sicher richtig, aber . . .
Ich bin der Meinung, daß . . .
Zum ersten Argument möchte ich folgendes sagen: . . . Zum zweiten . . .
Ich sehe das sogar als Vorteil, denn . . .

1. Die Zahl der Scheidungen von Frühehen steigt aber!

   die Zahl der Scheidungen steigt im allgemeinen

2. Ich glaube, daß die jungen Leute in europäischen Ländern nicht reif für die Ehe sind; oft sind sie unausgeglichen wie Kinder: Sie verwechseln Verliebtheit mit Liebe.

   Jugendliche heute reif / ältere Leute heiraten oft aus finanziellen Gründen / besser?

3. Oft heiraten diese Paare schon wenige Monate, nachdem sie sich kennengelernt haben. Sie kennen sich nicht richtig. Wenn sie dann Schwächen entdecken, gibt es Streit, die Ehe geht auseinander.

   junge Leute heute partnerschaftlicher / akzeptieren Schwächen / bereit, sich anzupassen und sich zu ändern

4. Ich bin aber der Ansicht, die jungen Leute sollten erst Erfahrungen sammeln, auch mit anderen Partnern. Sie sollten sich zuerst zur Persönlichkeit entwickeln.

   ältere Leute an Ungebundenheit gewöhnt / bei Heirat schwerfallen, sich auf die Ehe umzustellen

81

5. Zugegeben, aber da ist dann noch ein weiterer Gesichtspunkt zu berücksichtigen: Oft heiraten die jungen Leute, während sie noch in ihrer Ausbildung stehen.

Vorteil: verheiratete Jugendliche – mehr Verantwortungsgefühl – feste Ziele / sich mehr anstrengen, um Erfolg zu haben

6. Oft gibt es auch finanzielle Schwierigkeiten. Wenn dann noch ein Kind kommt, werden die jungen Leute mit soviel Schwierigkeiten nicht fertig.

junge Leute – heute finanziell unabhängig / beide – arbeiten können / sich mehr leisten können / heute Kind planen können / nicht dem Zufall überlassen

7. Jung verheiratete Leute verzichten aber doch auf sehr viel. Sie haben nicht viel von ihrer Jugend. Und wer seine Jugend nicht genießt, versucht später das Versäumte nachzuholen.

durch Frühehe große Vorteile haben / noch jung sein, wenn man Kinder hat / Kinder besser verstehen können / wenn Kinder selbständig werden – selbst noch jung sein – dann Leben genießen können

8. Sie verteidigen die Frühehe sehr hartnäckig. Sehen Sie eigentlich keine Probleme?

zwar viele Probleme / aber: keine Regel, wann man alt genug für die Ehe ist / wichtig: Reife und Persönlichkeit des einzelnen / viele mit dreißig Jahren noch unreif / Beweis dafür: Scheidungszahlen steigen

Sprechen in Rollen

Nach vier Jahren Ehe lassen sich die Tenderas scheiden.
Vertreten Sie die Position von Regine vor dem Scheidungsrichter. Verwenden Sie folgende Stichpunkte:

bei Heirat beide 18 – alles gut gehen – zusammen gut verdienen – Darlehen zurückzahlen – nach einem Jahr ein Kind – größere Wohnung – mehr Miete – aber weniger Geld – auch nicht halbtags arbeiten – Streit – mein Mann allein ausgehen – Auto kaufen – Reparaturen – zu meinen Eltern ziehen – leben seit einem Jahr getrennt

Vertreten Sie die Position von Bruno vor dem Scheidungsrichter. Verwenden Sie die folgenden Stichpunkte:

1975 heiraten – beide sehr jung – billige Wohnung – gut verdienen – sich viel leisten – gute Ehe führen – Frau will unbedingt ein Kind – nach Geburt: Frau will nicht halbtags arbeiten – größere Wohnung – Streit – Mutter muß bei Kinderpflege helfen – zieht zur Mutter – seit einem Jahr getrennt

Im Alter

Die Tochter

Abends warteten sie auf Monika. Sie arbeitete in der Stadt, die Bahnverbindungen sind schlecht. Sie, er und seine Frau, saßen am Tisch und warteten auf
Monika. Seit sie in der Stadt arbeitete, aßen sie erst um halb acht. Früher hatten sie eine Stunde eher gegessen. Jetzt warteten sie täglich eine Stunde am ge
5 deckten Tisch, an ihren Plätzen, der Vater oben, die Mutter auf dem Stuhl
nahe der Küchentür, sie warteten vor dem leeren Platz Monikas. Einige Zeit
später dann auch vor dem dampfenden Kaffee, vor der Butter, dem Brot, der
Marmelade.

Sie war größer gewachsen als sie, sie war auch blonder und hatte die Haut,
10 die feine Haut der Tante Maria. „Sie war immer ein liebes Kind", sagte die
Mutter, während sie warteten.

In ihrem Zimmer hatte sie einen Plattenspieler, und sie brachte oft Platten
mit aus der Stadt, und sie wußte, wer darauf sang. Sie hatte auch einen Spiegel
und verschiedene Fläschchen und Döschen, einen Hocker aus marokkani
15 schem Leder, eine Schachtel Zigaretten.

Der Vater holte sich seine Lohntüte auch bei einem Bürofräulein. Er sah dann die vielen Stempel auf einem Gestell, bestaunte das sanfte Geräusch der Rechenmaschine, die blondierten Haare des Fräuleins, sie sagte freundlich „Bitte schön", wenn er sich bedankte.

20 Über Mittag blieb Monika in der Stadt, sie aß eine Kleinigkeit, wie sie sagte, in einem Tearoom. Sie war dann ein Fräulein, das in Tearooms lächelnd Zigaretten rauchte.

Oft fragten sie sie, was sie alles getan habe in der Stadt, im Büro. Sie wußte aber nichts zu sagen.

25 Dann versuchten sie wenigstens, sich genau vorzustellen, wie sie beiläufig in der Bahn ihr rotes Etui mit dem Abonnement aufschlägt und vorweist, wie sie den Bahnsteig entlang geht, wie sie sich auf dem Weg ins Büro angeregt mit Freundinnen unterhält, wie sie den Gruß eines Herrn lächelnd erwidert.

30 Und dann stellten sie sich mehrmals vor in dieser Stunde, wie sie heimkommt, die Tasche und ein Modejournal unter dem Arm, ihr Parfum; stellten sich vor, wie sie sich an ihren Platz setzt, wie sie dann zusammen essen würden.

Bald wird sie sich in der Stadt ein Zimmer nehmen, das wußten sie, und daß 35 sie dann wieder um halb sieben essen würden, daß der Vater nach der Arbeit wieder seine Zeitung lesen würde, daß es dann kein Zimmer mehr mit Plattenspieler gäbe, keine Stunde des Wartens mehr. Auf dem Schrank stand eine Vase aus blauem schwedischem Glas, eine Vase aus der Stadt, ein Geschenkvorschlag aus dem Modejournal.

40 „Sie ist wie deine Schwester", sagte die Frau, „sie hat das alles von deiner Schwester. Erinnerst du dich, wie schön deine Schwester singen konnte."

„Andere Mädchen rauchen auch", sagte die Mutter.

„Ja", sagte er, „das habe ich auch gesagt."

„Ihre Freundin hat kürzlich geheiratet", sagte die Mutter.

45 Sie wird auch heiraten, dachte er, sie wird in der Stadt wohnen.

Kürzlich hatte er Monika gebeten: „Sag mal etwas auf französisch." – „Ja", hatte die Mutter wiederholt, „sag mal etwas auf französisch". Sie wußte aber nichts zu sagen.

Stenografieren kann sie auch, dachte er jetzt. „Für uns wäre das zu 50 schwer", sagten sie oft zueinander.

Dann stellte die Mutter den Kaffee auf den Tisch. „Ich habe den Zug gehört", sagte sie.

Peter Bichsel, *Eigentlich möchte Frau Blum den Milchmann kennenlernen*, Olten/Freiburg: Walter 1966, S. 43–45

Worterklärungen

eher früher – **dampfend** *kochendes (heißes) Wasser verdampft in feuchte Luft* – **der Hokker, -** Stuhl ohne Rückenlehne – **die Tüte, -n** *hier:* Briefumschlag – **bestaunen** *hier:* bewundern – **blondieren** blond färben – **der Tearoom, -s** Café (typisch für die Schweiz) – **beiläufig** nebenbei – **das Etui, -s** die (Schutz)hülle – **das Abonnement** *hier:* Wochen- oder Monatskarte – **vorweisen** vorzeigen – **angeregt** lebhaft – **erwidern** beantworten – **stenografieren** in einer Schrift schreiben, in der man nicht nur einzelne Buchstaben, sondern auch ganze Silben und sogar Satzteile und Wendungen durch ein einziges Zeichen darstellt. Diese Schrift ist deshalb besonders schnell.

Übungen zum Leseverständnis

I. Unterstreichen Sie das Pronomen „sie" in jedem Satz des ganzen Textes. Notieren Sie am Rande des Textes, wer mit dem jeweiligen Pronomen gemeint ist, indem Sie für Monika ein A, für die Mutter ein B usw. einsetzen.

II. Welche der folgenden Aussagen sind richtig (r), welche sind falsch (f)?

	r	f
1. Die Eltern warten auf Monika, weil sie den Zug verpaßt hat.	☐	☐
2. Die Mutter deckt den Tisch später, seit Monika in der Stadt arbeitet.	☐	☐
3. Monika ähnelt der Schwester ihrer Mutter.	☐	☐
4. Monika und ihr Vater sind Arbeiter.	☐	☐
5. Monika kommt zum Mittagessen nach Hause.	☐	☐
6. Monika berichtet ihren Eltern alles, was sie in der Stadt und im Büro macht.	☐	☐
7. Die Eltern werden wieder früher essen, wenn Monika ein Zimmer in der Stadt hat.	☐	☐
8. Die Eltern wissen, daß sie bald alleine sein werden.	☐	☐
9. Die Eltern bewundern ihre Tochter nicht.	☐	☐
10. Sobald sich Monika setzt, stellt die Mutter den heißen Kaffee auf den Tisch.	☐	☐

Aufgaben zur Sprache und Aussage des Textes

1. Warum verwendet der Autor für Monika und ihre Eltern so oft das Pronomen „sie"?
2. Welche Verben werden im ersten Abschnitt im Zusammenhang mit Monikas Eltern verwendet? Welches Verb am häufigsten? Welches Verb denkt man sich beim Lesen im letzten Satz des ersten Abschnitts dazu?

3. Suchen Sie im Text weitere Verben, die sich auf Monikas Eltern beziehen. Welches Bild erhalten Sie durch die Verben von den Eltern?
4. Machen Sie eine Liste der Verben, die sich auf Monika beziehen. Welches Bild von Monika erhalten Sie?
5. Wieso wußte Monika „nichts zu sagen", wenn die Eltern sie fragten, was sie alles getan habe in der Stadt, im Büro? Warum „weiß sie" auch da „nichts zu sagen"?
6. „... die Bahnverbindungen sind schlecht." (Z 1–2) Was sagt dieser Satz aus? Was bedeutet er im übertragenen Sinn? (Verhältnis Monika – Eltern)
7. Aus welcher Perspektive wird die Geschichte erzählt? Woran erkennt man das?
8. Stellen Sie sich vor, die letzten Abschnitte würden ab Z 34 fehlen. Wie ändert sich der Sinn der Erzählung?
9. Kann man die Geschichte in „Der Sohn" umschreiben? Wo liegen die Schwierigkeiten?
10. Gehört dieser Text in das Kapitel „Alter"?
11. Um welche Art von Text (Textsorte) handelt es sich?

27 Ratlos ins Alter ᏚᏃ

Worterklärungen

vermissen feststellen, daß etw/jd nicht mehr da ist – **die Periode, -n** der Zeitabschnitt – **pensioniert werden** *im Alter von 65 Jahren werden im allgemeinen in der Bundesrepublik Deutschland die Leute pensioniert, d. h. sie hören auf zu arbeiten und bekommen eine Rente vom Staat* – **angeblich** *etw wird als Tatsache gesagt; aber das ist nicht wahr* – **der Gestank** schlechter Geruch – **gebückt** mit krummem Rücken – **vermitteln** *hier:* nahebringen – **Konrad Adenauer** *Bundeskanzler der Bundesrepublik Deutschland von 1949–1963* – **der Greis, -e** alter Mann – **einbeziehen** berücksichtigen

Übung zum Wortschatz

Erklären Sie die folgenden Ausdrücke:

Industriegesellschaft, Großfamilie, Kleinstfamilie, Pensionierungsplatz, Altersplanung, Altersvorstellung, Altersbild, Lebensplan, Lebenserwartung

Übung zum Hörverstehen

Sie hören den Text zweimal. Lesen Sie die folgenden Fragen, bevor Sie den Text zum zweiten Mal anhören. Beantworten Sie anschließend die Fragen.

1. Über wen wird anfangs berichtet? Was wird berichtet? Was will der Autor mit dieser Einleitung deutlich machen?
2. Warum nimmt die Zahl der alten Menschen zu?
3. a) Welches Problem bestand früher für die alten Menschen nicht?
   b) Was hat sich im Vergleich zu früheren Zeiten geändert?
4. Wie teilt man heute das menschliche Leben in der Theorie ein?
5. Wie sieht es dagegen im praktischen Leben der Industriegesellschaft aus?
6. Welchen Vorschlag macht der Autor in Beziehung auf die Altersplanung?
7. Was sollte man bei Kindern versuchen zu korrigieren?
8. Welche Vorstellungen haben deutsche Kinder vom Alter und worauf sind sie zurückzuführen?
9. Was wissen wir aufgrund wissenschaftlicher Forschung über die Intelligenz des alten Menschen?
10. Was sollte nach Aussage des Textes schon der Jugendliche lernen?

Fragen zur Diskussion

1. Stimmen Sie den Aussagen des Textes zu? Begründen Sie Ihre Antwort.
2. Kann man sich Ihrer Meinung nach sinnvoll auf das Alter vorbereiten? Wenn ja, wie?
3. Welche Rolle spielen die alten Menschen in Ihrem Land? Berichten Sie.

28 Entlassung

… „Ich weiß nicht, was Sie sich da in den Kopf gesetzt haben, Frau Schramm", sagte er. „Ihre ‚Entlassung‘, wenn Sie es so nennen wollen, ich würde es eher als eine Art verlängerten Erholungsurlaub bezeichnen, hat nicht das geringste mit Ihren von uns allen anerkannten Leistungen zu tun. Schließlich werden wir alle alt, der eine früher, der andere später; daß wir kein Vertrauen zu Ihnen haben, davon kann nicht die Rede sein." Er lächelte gewinnend: „Unsere Firma hat sich in den letzten Jahren über alle Erwartungen hinaus vergrößert und stellt Dinge her, an die gegen Ende des Krieges noch kein Mensch denken konnte. Die Anforderungen an die Arbeitskräfte haben sich geändert. Man verlangt mehr, man verlangt anderes. Es ist rentabler, neue Mitarbeiter auszubilden, als alte umzustellen."

„Sehen Sie", sagte er herzlich, „Wir haben Maschinen, die noch völlig in Ordnung sind und trotzdem den neuesten Konstruktionen Platz machen müssen: immer das Neueste, das Beste, das Schnellste. Wie ich Sie kenne, Frau Schramm, fortschrittlich, unsentimental und immer auf das Wohl und Wachstum der Firma bedacht, müßten Sie als erste dafür Verständnis haben. Ich weiß, Menschen sind keine Maschinen, aber in einem Betrieb wie dem unseren müssen sie rationell eingesetzt werden. Selbstverständlich gehen Sie nicht von heute auf morgen. Sie bleiben noch eine Zeitlang bei uns und arbeiten die neue Kraft ein, ich habe dafür Fräulein Viol vorgesehen, die Sie selbst empfohlen haben. Wenn Sie noch spezielle Wünsche oder Klagen haben …"

Frau Schramm schüttelte den Kopf. Die Wände und sein Gesicht schwankten von rechts nach links. „Was soll ich denn tun?" murmelte sie, das galt nicht ihm, sie fragte sich selbst, wußte aber keine Antwort. „Leben, Frau Schramm" sagte er fröhlich, „endlich leben, Bücher lesen, Reisen machen, Geselligkeit pflegen, das private Reservat, das jeder Mensch hat, über den ganzen Tag ausdehnen. Haben Sie keine Hobbys, die das Büro bisher am Feierabend und an den Wochenenden verdrängt hat? Nun haben Sie Zeit! Ich beneide Sie, Frau Schramm, ganz ehrlich, ich wollte, ich wäre schon soweit."

Langsam kochte Zorn in ihr hoch, ausgelöst von dem „ich beneide Sie", oder von der Überzeugung, daß sie falsch gedacht und vergeblich geopfert hatte. Sie ließ die Türklinke los und ging Schritt für Schritt auf ihn zu. „Ich habe kein privates Reservat", sagte sie leise, als wollte sie um Entschuldigung bitten, daß sie ihre Pflicht nicht getan habe. „Ich habe kein Hobby, Herr Direktor", sagte sie, „meine Lieblingsbeschäftigung ist die Firma. Kein Mensch hat in all den Arbeitsjahren von der Notwendigkeit eines privaten Reservats gesprochen, im Gegenteil …" Sie wiederholte plötzlich, was in der Jubi-

läumsrede gesagt worden war und sah ihm an, daß auch er sich erinnerte: „...
40 auf den Schultern der alten treuen Mitarbeiter ruht unsere Firma. Von ihrer
Zuverlässigkeit, ihrem Fleiß, ihrem selbstlosen Einsatz hängt das Gedeihen
des gewaltigen, in aller Welt bekannten Wellis-Konzerns ab, und er wird es
ihnen danken ..." Bei dem Wort „danken" kamen ihr plötzlich die Tränen.
Verzweifelt suchten ihre Hände in der Handtasche nach einem Taschentuch.
45 Sie konnte kein Wort mehr hervorbringen.

Nach: Ruth Rehmann, *Illusionen,* Fischer Taschenbuch Verlag

Worterklärungen

die Anforderung, -en das, was verlangt wird – **rentabel** gewinnbringend – **jdn umstellen** *hier:* jdn, der bisher eine bestimmte Arbeit gemacht hat, für eine neue Aufgabe ausbilden – **unsentimental** nüchtern, wirklichkeitsnah – **auf etw bedacht sein** auf etw achten – **jdn einarbeiten** jdm zeigen, wie eine Arbeit gemacht wird – **schwanken** sich hin- und herbewegen – **der Feierabend, -e** Zeit nach Arbeitsschluß – **verdrängen** *hier:* verhindern – **auslösen** *hier:* verursachen, hervorrufen – **opfern** *hier:* auf eine Sache wegen einer andern verzichten; sich einer Sache wegen eine andere nicht leisten – **das Jubiläum** *hier:* Feier der langjährigen Mitarbeit am Jahrestag des Eintritts von Frau S. – **das Gedeihen** *Nomen zu* **gedeihen** sich gut entwickeln

Übungen zum Wortschatz

I. Welche Ausdrücke meinen dasselbe? Vergleichen Sie beide Gruppen. Entscheiden Sie – wenn nötig – mit Hilfe des Textes.

1. Ich weiß nicht, was Sie sich da in den Kopf gesetzt haben.
2. Davon kann keine Rede sein.
3. Sie können das private Reservat über den ganzen Tag ausdehnen.
4. Sie können Geselligkeit pflegen.
5. Zorn kochte in ihr hoch.
6. Ich habe Fräulein Viol dafür vorgesehen.

a) Sie wurde plötzlich wütend.
b) Ich möchte Fräulein Viol diese Stelle geben.
c) Sie können sich oft mit anderen treffen und die Zeit gemeinsam verbringen.
d) Was Sie damit meinen, kann ich überhaupt nicht verstehen.
e) Das ist völlig falsch.
f) Sie können sich von früh bis spät mit ihren persönlichen Hobbys und Interessen beschäftigen.

II. Was ist damit gemeint? Erklären Sie mit Ihren eigenen Worten.

1. Ihre Entlassung würde ich als eine Art verlängerten Erholungsurlaub bezeichnen. (Z 2–3)
2. Sie bleiben noch eine Zeitlang bei uns. (Z 19)
3. Sie arbeiten die neue Kraft ein. (Z 19–20)
4. Ich wollte, ich wäre schon soweit. (Z 29–30)
5. Von ihrem selbstlosen Einsatz hängt das Gedeihen des Konzerns ab. (Z 41–42)

Übung zum Leseverständnis

Wählen Sie die richtige Aussage aus. (Es können auch mehrere Aussagen richtig sein.)

1. Frau Schramm spricht
   a) mit einem Kollegen in ihrem Büro.
   b) mit einem Direktor des Wellis-Konzerns in dessen Zimmer.
2. Er will, daß
   a) sie sofort auf Urlaub geht.
   b) sie fristlos entlassen wird.
   c) sie sich pensionieren läßt.
3. Frau Schramm soll gehen,
   a) weil es leichter ist, eine neue, junge Arbeitskraft einzuarbeiten.
   b) weil sie das Pensionsalter erreicht hat.
   c) weil er meint, daß sie lange genug für den Wellis-Konzern gearbeitet habe.
4. Frau Schramm ist nicht einverstanden.
   a) Deswegen wird er sehr unhöflich.
   b) Deswegen wirft er sie einfach hinaus.
   c) Deswegen versucht der Direktor, sie mit mehreren Argumenten zu überzeugen.
5. Frau Schramm will nicht pensioniert werden,
   a) sieht aber ein, daß der Direktor recht hat.
   b) wird deshalb zunächst wütend über die Art der Argumentation des Direktors.
   c) weil sie das Geld zum Lebensunterhalt braucht.

6. Frau Schramm wird zornig,
   a) weil der Direktor sagt, er beneide sie wegen ihrer Pensionierung.
   b) weil sie merkt, daß sie für den Betrieb große Opfer gebracht hat, aber keinen Dank erhält.
   c) weil er sie mit einer alten Maschine vergleicht, die durch eine neue ersetzt werden soll.
7. Frau Schramm freut sich nicht auf ihre Pensionierung,
   a) weil sie zu wenig Rente erhält.
   b) weil die Arbeit in der Firma ihr Lebensinhalt ist.
   c) weil sie nicht weiß, was sie in ihrer Freizeit anfangen soll.

Fragen zur Analyse des Textes

1. Woran können Sie erkennen, daß dieser Text nicht mit dem Anfang des Gesprächs einsetzt? Worüber wurde vorher gesprochen?
2. Frau Schramms Reaktion auf ihre Entlassung verläuft in mehreren Stufen: Beschreiben Sie diese Stufen mit Hilfe des Textes.
3. Welche drei Ausdrücke charakterisieren das äußere Verhalten des Direktors?
4. Auf wessen Seite steht der Leser? Wie wird das erreicht?

Fragen zur Diskussion

1. Mit welchen Mitteln und Argumenten versucht der Direktor, Frau Schramm zu überzeugen? Wie beurteilen Sie diese Argumentation? Wie beurteilen Sie sein Verhalten?
2. Charakterisieren Sie den Chef aufgrund seiner Rede und seiner Argumentation.
3. Wer ist schuld an Frau Schramms Situation? Hat sie selbst auch Fehler gemacht? Welche?
4. Wie könnte man sich auf das Alter, d. h. die Zeit, wo man nicht mehr im Beruf steht, am besten vorbereiten?

Sprechen in Rollen

Rekonstruieren Sie den Anfang des Gesprächs (Begrüßung usw.). Welchen Ausdruck verwendet der Direktor wohl für ‚Entlassung‘? Führen Sie anhand von Stichworten dieses Gespräch mit einem Partner bis „... noch spezielle Wünsche oder Klagen haben ...“ (Z 21).

29 Ruhestand auf der Schulbank

63jähriger besucht noch einmal das Gymnasium, damit er Homer auf griechisch lesen kann.

Die Klasse 9a des Alten Gymnasiums in Bremen hat einen ungewöhnlichen Schüler: den 63jährigen Jürgen Petersen, der noch einmal sein Abitur machen will, um Homer im Urtext lesen zu können. Der Schüler Petersen hat ein arbeitsreiches Leben hinter sich. Als Exportkaufmann lernte er die halbe
5 Welt kennen. Im Jahre 1971 erlitt er einen Herzinfarkt und lebt seither gezwungenermaßen im Ruhestand.

Etwa vor Jahresfrist fiel Jürgen Petersen beim Aufräumen sein Abiturzeugnis aus dem Jahre 1933 in die Hände und weckte Erinnerungen an seine Hamburger Schulzeit. Überrascht war er vor allem über seine ‚Eins‘ in Grie-
10 chisch. Er mußte aber feststellen, daß er diese Sprachkenntnisse völlig verloren hatte. Jetzt, im Ruhestand, hätte er diese gut gebrauchen können, denn die Autoren der Antike hätte er gern im Originaltext gelesen.

Seine Vorliebe für die Antike hatte Jürgen Petersen mit zwei Vorvätern gemeinsam. Beide hatten sich in späteren Jahren noch einmal intensiv mit der
15 griechischen Sprache beschäftigt. Einer von ihnen war übrigens der Hamburger Bürgermeister Petersen. Der Enkel faßte den kühnen Entschluß, es ihnen nachzumachen. Zunächst studierte Jürgen Petersen das Vorlesungsverzeichnis der Bremer Volkshochschule. Altgriechisch wurde dort jedoch nicht angeboten. Da kam Jürgen Petersen auf die Idee, es noch einmal mit der Schule zu
20 versuchen. Ihn reizte es auch, den Schulbetrieb von heute kennenzulernen. Oberstudiendirektor Klaus Dietrich Koch vom Alten Gymnasium in Bremen zeigte sich nicht abgeneigt, den Versuch zu wagen. Mit Beginn des neuen Schuljahres wollte er den betagten Schüler aufnehmen.

Im August war es soweit. Jürgen Petersen packte seine Bücher und Hefte
25 und ging durch das Schultor. Die Mitschüler in Klasse 9a, durchweg 14 Jahre alt, waren vom Direktor vorbereitet und waren sehr gespannt auf den ungewöhnlichen „Neuen“. Da der 63jährige sich gut anzupassen verstand, war das Eis bald gebrochen. Schüler Petersen meldete sich, wenn er etwas wußte, schrieb die Arbeiten mit und sagte manchmal auch dem Nebenmann etwas
30 vor.

Jürgen Petersen will bis zum Abitur weitermachen und sogar die Abiturarbeit in Griechisch schreiben. Zum Bedauern der Mitschüler packt Jürgen Petersen in allen anderen Schulfächern seine Tasche und verläßt die Schule. Sie hätten gern gewußt, was er in „Mathe“ kann. Manchmal wechselt der Schüler
35 Petersen von der Schulbank auf das Katheder. Er hat nämlich mit dem Direk-

Seit einiger Zeit werden in Genf (Schweiz) an der Universität Vorlesungen speziell für ältere Leute angeboten, damit diese sich weiterbilden können.

tor ausgemacht, daß er Vorträge halten darf über Themen, bei denen er aus seinem Wissens- und Erfahrungsschatz schöpfen kann, wie ägyptische Geschichte oder östliche Religionen. Diese Vorträge sind sozusagen die Gegengabe des Schülers Petersen für die späte Benutzung der Schulbank.

Nach: Günter Beneke-Kracht, *Süddeutsche Zeitung,* Nr. 43, 22. Februar 1977

Worterklärungen

der Ruhestand Zeit nach der Pensionierung, d. h. nachdem man aufgehört hat, einen Beruf auszuüben – **Homer** griechischer Dichter der Antike (8. Jahrhundert v. Chr.) – **das Abitur** Abschlußprüfung am Gymnasium, die zum Besuch einer Universität berechtigt – **die ‚Eins'** *hier:* beste Note – **der Herzinfarkt, -e** das Herz kann plötzlich nicht mehr arbeiten, weil Teile des Herzens nicht genügend mit Blut versorgt werden – **die Jahresfrist** das Jahresende – **die Vorliebe** besondere Liebe (Interesse) für etw – **das Vorlesungsverzeichnis, -se** Verzeichnis aller Veranstaltungen und Vorlesungen an einer Hochschule – **die Volkshochschule (VHS)** Schule für Erwachsene (meistens abends), die sich nach Abschluß der Schul- und Berufsausbildung weiterbilden wollen – **es reizt mich** *hier:* ich möchte gern – **der Schulbetrieb** das Leben und Arbeiten in der Schule – **sich nicht abgeneigt zeigen** nichts dagegen haben, einverstanden sein – **betagt** alt – **sich anpassen** sich gut in seine Umwelt einordnen – **das Katheder** Pult, Tisch des Lehrers – **der Wissens- und Erfahrungsschatz** all das, was sich an Wissen und Erfahrungen gesammelt hat

Fragen zum Verständnis des Textes

1. Wie alt ist Herr Petersen? Wo wohnt er?
2. Was macht er zur Zeit? Wie alt sind seine Mitschüler?
3. Welchen Beruf hatte er?
4. Seit wann lebt er im Ruhestand? Warum ist er früher als gewöhnlich in den Ruhestand getreten?
5. Wann und wo hat er Abitur gemacht? Welche Note hatte er in Griechisch?
6. Warum lernt er jetzt Griechisch?
7. Wer in seiner Familie interessiert sich noch für die Antike?
8. Warum ging er nicht an die Volkshochschule?
9. Was interessierte ihn außer dem Fach Griechisch am Gymnasium?
10. Wie verhält er sich als Schüler?
11. Was macht er in den anderen Fächern?
12. Worüber und warum hält Herr Petersen Vorträge in der Schule?

Zur Diskussion

Herr Petersen lernt im Ruhestand Griechisch. Was möchten Sie machen, wenn Sie später älter geworden sind und viel Zeit haben?

Lassen Sie sich ein paar Tage lang verwöhnen. Wohnen Sie mit 200 anderen alten Damen und Herren. Und lernen Sie so den Alltag eines Altenwohnstiftes kennen. Lassen Sie sich überraschen …

Wir finden, das ist die beste Art, eine Wohnform kennenzulernen, die Tausenden schon ein Alter in Würde und Sorglosigkeit ermöglicht. Erleben Sie ein Altenwohnstift. Und freuen Sie sich darauf.

»Ein Alter in Würde und Sorglosigkeit…«

Wir schildern Ihnen gleich einen Tag im KurStift Bad Dürrheim. Irgend einen Tag, Sie können ihn so verleben oder auch ganz anders – Sie sind ja frei, wie jeder Gast hier bei uns frei ist. Ganz sein eigener Herr.

Sie wohnen im »eigenen« Appartement, mit Balkon, Kleinküche, Bad/WC. Sie gehen am Morgen erst ins Schwimmbad, frühstücken, nehmen in der Therapiestation eine Massage, spazieren oder wandern durch die herrliche Landschaft der Baar, lassen sich das Mittagessen (3 Gänge, 2 Menüs zur Auswahl) aufs Appartement servieren, halten ein erholsames Schläfchen, kaufen im hauseigenen Laden für den Abend ein und gehen durchs Foyer in den Festsaal hinüber, dort gibt's ein Konzert. Anschließend plaudern Sie im Kaminzimmer. Oder Sie holen sich ein Buch aus der Bibliothek. Oder machen noch eine Runde um den Salinensee. Oder trinken einen Schoppen auf der sonnigen Caféterrasse. Oder gehen ins Untergeschoß zum Kegeln, das Bierstübchen dort ist urgemütlich.

Wenn Ihnen nach Stille zumute ist: die Tür der Hauskapelle ist offen. Und wenn Sie einmal zum Haus »Bodensee« hinübergehen: eine so freundliche Pflegestation haben Sie bestimmt noch nicht gesehen.

Ein schöner Tag? Erleben Sie ihn (und die anderen) so, wie Sie ihn erleben wollen. Was wir tun konnten, um ihn (und die anderen) schön zu machen, haben wir getan. Dankeschön fürs Lesen.

Wenn Sie sich Ihr Alter auch so vorstellen können: wohnen Sie ein paar Tage »auf Probe«.

Einladung,

uns wegen eines Termins für das Probewohnen anzurufen oder zu schreiben:

✿✿ KurStift ✿✿ Bad Dürrheim

Am Salinensee 2, 7737 Bad Dürrheim/ Schwarzwald. Ruf (0 77 26) 131.

Mitglied im Deutschen Paritätischen Wohlfahrtsverband.

Worterklärungen

jdn verwöhnen jdm jeden Wunsch erfüllen – **das Altenwohnstift, -e** Haus, in dem alte Menschen wohnen und gepflegt werden; es ist teurer und komfortabler als ein Altenheim – **die Würde** *hier:* Achtung, Respekt – **schildern** beschreiben – **der Gang, ⁒e** *hier:* die Vorspeise (z. B. Suppe) ist bei einem Essen (Menü) der 1. Gang; dann kommt die Hauptspeise – **plaudern** sich zwanglos unterhalten – **das Foyer** der Eingangsraum, die Eingangshalle – **das Kaminzimmer, -er** Zimmer mit offener Feuerstelle – **eine Runde machen** *hier:* einen Spaziergang machen – **das Untergeschoß, -sse** unterstes Stockwerk – **das Kegeln** Spiel, bei dem man Kegel mit einer Kugel umzuwerfen versucht (Bowling) – **das Bierstübchen** Raum, in dem man Bier trinken kann – **urgemütlich** sehr gemütlich – **jdm ist nach Stille zumute** *hier:* jd will Ruhe, Stille – **die Hauskapelle** kleiner Raum für Gottesdienst – **auf Probe** um zu probieren

Fragen zur Analyse des Textes

1. Um welche Art von Text (Textsorte) handelt es sich?
2. An wen wendet sich diese Anzeige? Welches Ziel hat sie?
3. Welche Informationen erhalten wir über das Leben im Wohnstift?
4. Geht es in dieser Anzeige nur um Information oder auch um Werbung? Begründen Sie Ihre Meinung mit Beispielen aus dem Text.

Zur Diskussion

Würden Sie Ihren Eltern raten, ihren Lebensabend in einem solchen Wohnstift zu verbringen? Begründen Sie Ihre Meinung.

31 Aus einem Altenheim

Eine 85jährige Leserin schickte einer deutschen Zeitung zwei blaue Schulhefte: ihre Erlebnisse in einem Altenheim. Im folgenden lesen Sie einige Ausschnitte aus diesem Bericht.

Weil das Erzählen eine Kunst ist und die Ausübung dieser Kunst mir wahr-
5 scheinlich fehlt, ist es fraglich, ob andere Menschen diese meine Erlebnisse
annehmen und verstehen werden. Ich versuche, das Leben in dem Altersheim, in dem ich wohne, in kleinen Szenen zu beschreiben. Nur die Namen
habe ich geändert. Wir alle in diesem Hause sind schon etwas mit dem Tode
verbunden. Und von einigen wird das Leben im Heim als Strafe Gottes ange-
10 sehen ...

Die Oberin

Als ich vor vier Jahren in das Heim kam, war noch die alte Oberin da. Sie war
eine ungute, hartherzige Person, die nie lächelte und nichts, sogar sich selbst
nicht, lieben konnte. Krankheit verursachte ihren Abgang, und an ihre Stelle
15 trat eine kaum 50jährige.
Die junge, neue Oberin war selbstbewußt und ehrgeizig. Sie ging durch das
Haus, als wäre sie der neuen Würde durchaus gewachsen und zeigte als besondere Eigenschaft ihres Wesens einen ungewöhnlichen Drang nach Sau-

berkeit und Folgsamkeit. Ordnung nach außenhin war das erste Gebot. Die
20 Schwestern hatten oft keine Zeit für die bettlägerigen Kranken, weil sie immer in irgendeiner Ecke Ordnung machen mußten. Es ist bestimmt nicht
leicht, siebzig alte Menschen so zu betreuen, daß sich jeder einzelne als Mittelpunkt des Hauses fühlen könnte; aber ein jeder hofft hie und da auf ein persönliches, nur ihn betreffendes Wort. Leider wurde aber selbst ein Gruß nicht
25 beachtet oder gar von sich aus gegeben ...
Dies sind die Umstände, mit denen wir fertigwerden müssen, weil uns das
Leben und die kleine Rente dazu zwingt ...

In memoriam Frau Zeller

Als ich ins Heim kam, war Frau Zeller bereits 88 Jahre alt und schien noch
30 ganz agil. Sie konnte stundenlang von ihrer schönen Kindheit erzählen. Das
viele Schwere, das sie im Laufe ihres langen Lebens erlitten hatte – der Mann
jahrelang bettlägerig, die Tochter in jungen Jahren verstorben, der Sohn hatte in einem Spielkasino Selbstmord verübt –, dies alles wurde übersonnt von
dem Glück ihrer Kindheit. Erst als sie älter wurde: 90, 91, 92, begann ihr Geist
35 sich an ihre Angehörigen zu erinnern. Tag um Tag wartete sie dann auf den
Besuch ihrer Lieben. Da ging sie, die eigentlich bettlägerig und pflegebedürftig war, von Kopf bis Fuß angezogen, den Hut nicht vergessend, zum nahen
Café Kuchen kaufen zum Empfang ihrer Geschwister, ihres Mannes, ihrer
Kinder, nicht achtend auf die Autos in den Straßen. Die Schwester verbot ihr
40 diesen Ausgang strengstens, aber hin und wieder entwischte sie der Aufsicht
und kam schwer beladen und befriedigt heim. Dann deckte sie den Kaffee-
tisch, stellte ihre Tassen heraus, dazu in die Mitte einen großen Teller mit dem
gekauften Kuchen und setzte sich hin in Erwartung der Gäste, die alle schon
längst tot waren.
45 Eines Tages rührte sich bei der Pflegeschwester die Erinnerung an ihre eigentliche Berufung, „den Samariterdienst". Sie ging in die Zimmer einiger
kranker und fast schon vom Tode gezeichneter Frauen, holte sechs von ihnen
und brachte sie zu Frau Zeller als Gäste für den Nachmittagskaffee. Selig und
glücklich verlief der Nachmittag und wirkte durch die Gnade Gottes fast wie
50 ein Wunder. Denn fromm sind sie ja alle, die alten Weiblein!
Dieselbe Frau Zeller schwankte während ihrer Bettlägerigkeit stets von einem Thema zum anderen. Die Zeit, die ihr vor dem Tod noch geschenkt war,
verbrachte sie andauernd in Gedanken.
Eines Tages, ich kam sie zweimal in der Woche besuchen, fand ich sie in
55 strahlender Laune. Sie bat mich, mir im Vertrauen etwas erzählen zu dürfen.
Und zwar hätte sie letzte Woche einen Heiratsantrag bekommen. Ein schöner
junger Mann hätte sie liebevoll geküßt und sie gebeten, seine Frau zu werden.
Ich schien ihr nicht so recht glauben zu wollen, denn plötzlich sagte sie: „Ge-

ben Sie mir, bitte, meine Handtasche, die dort steht!" Dann zog sie tatsächlich
60 das Bild eines hübschen, jungen Mannes heraus: „Das ist er!" Es war ein Jugendbild ihres Sohnes.

Nach: Amalia Funk, *Zeitmagazin,* Nr. 40, 29. September 1978

Worterklärungen

das Erlebnis, -se Geschehen, an dem jd teilgenommen hat – **die Oberin, -nen** Leiterin
einer Gruppe von Nonnen, *hier:* Leiterin der Krankenschwestern eines Krankenhauses oder Altersheims – **der Abgang** Weggang – **der Würde durchaus gewachsen sein**
hier: die Aufgaben der hohen Stellung vollkommen erfüllen können – **selbstbewußt**
von den eigenen Fähigkeiten überzeugt – **ehrgeizig** nach Erfolg, Geltung, Anerkennung strebend – **der Drang nach Folgsamkeit** *hier:* sie verlangte, daß ihr alle gehorchen
– **das erste Gebot** *hier:* was unbedingt beachtet werden muß – **bettlägerig** durch Krankheit gezwungen, im Bett zu liegen – **jdn betreuen** sich um jdn kümmern – **in memoriam**
lateinische Formel; sie bedeutet: in Erinnerung (an einen Toten) – **agil** lebhaft, aktiv, beweglich – **der Angehörige, -n** der Verwandte – **pflegebedürftig** krank sein, so daß man
gepflegt werden muß – **jdm entwischen** *hier:* schnell weggehen, ohne daß es der andere
merkt – **die Aufsicht, -en** jd, der etw kontrollieren muß – **die Berufung** Aufgabe, zu der
man sich von Gott berufen fühlt – **der Samariterdienst** die selbstlose Hilfeleistung für
einen anderen; das Wort geht auf das Gleichnis in der Bibel zurück, wo ein Samariter
einem anderen hilft – **selig** sehr glücklich – **die Gnade** Güte, Gunst, Wohlwollen –
fromm vom Glauben an Gott erfüllt – **das Weib** *(veralt* oder *ugs)* die Frau – **strahlend**
wie die Sonne Strahlen aussendend, *hier:* ausgezeichnet, sehr gut

Fragen zum Verständnis des Textes

1. Wie lange lebt die Erzählerin schon im Altersheim?
2. Welchen Charakter hatte die alte Oberin?
3. Was war für die neue Oberin besonders wichtig?
4. Worunter litten die Heimbewohner besonders?
5. Welchen Eindruck machte Frau Zeller mit 88 Jahren?
6. Welche leidvollen Dinge hatte sie in ihrem Leben erfahren?
7. Warum war sie dennoch nicht verbittert?
8. Welche Gedanken beschäftigten sie, als sie älter wurde?
9. Wie war ihr Gesundheitszustand?
10. Wie bereitete sie sich auf den „Besuch ihrer Angehörigen" vor?
11. Welche Schwierigkeiten gab es dabei?
12. Wie zeigte die Pflegeschwester, daß sie sich an ihre eigentliche Aufgabe
    erinnerte?

„... aber jeder hofft hie und da auf ein persönliches, nur ihn betreffendes Wort."

13. Wie verbrachten die „Gäste" und Frau Zeller den Nachmittag?
14. Womit beschäftigte sich Frau Zeller kurz vor ihrem Tod?
15. Warum war sie eines Tages in sehr guter Laune?

Zur Analyse des Textes

1. Um was für eine Art von Text (Textsorte) handelt es sich? (Zu welchem Zweck und für wen ist der Text geschrieben?) Welche Stellen im Text machen das deutlich?
2. Ist der Standpunkt der Schreiberin bzw. der der anderen Heimbewohner im Text zu erkennen? Wo?
3. Wie kann man die Haltung der Schreiberin charakterisieren? Schreibt sie aggressiv, kritisch oder resigniert? Wo kann man das sehen?

Fragen zur Diskussion

Vergleichen Sie den Text „Aus einem Altenheim" mit der Anzeige „Lassen Sie sich ein paar Tage verwöhnen":
a) Worin unterscheidet sich die Situation alter Menschen im Altersheim von der im Wohnstift, so wie es beide Texte darstellen? Vergleichen Sie dazu im Text „Aus einem Altenheim" die entsprechenden Informationen mit den positiven Schlüsselwörtern des Anzeigentextes: ‚Alter in

Würde und Sorglosigkeit' – ‚Gast' – ‚frei' – ‚sein eigener Herr' – ‚plaudern' – ‚Buch aus der Bibliothek' – ‚freundliche Pflegestation'.

b) Warum wohnt wohl die Schreiberin von „Aus einem Altenheim" nicht auch in einem solchen Wohnstift „im »eigenen« Appartement, mit Balkon, Kleinküche, Bad/WC"? Suchen Sie die entsprechende Information in dem Text „Aus einem Altenheim".

32 Altenheimtypen ᏯᏯ

Worterklärungen

sanieren *hier:* erneuern, modernisieren – **das Wohndarlehen, -** Geldsumme, die man beim Einzug in das Wohnstift bezahlt und die beim Auszug oder im Todesfall zurückbezahlt wird – **der Fahrstuhl, ⁼e** Lift – **bettlägerig** durch Krankheit gezwungen, im Bett zu liegen – **insofern** deshalb – **die Anlagen** *hier:* der Park – **zeitlich sehr beansprucht sein** viel Arbeit und wenig Zeit haben – **ein Anliegen vorbringen** einen Wunsch, eine Bitte aussprechen – **klagen** bedauern – **die Kombination, -en** *hier:* Verbindung – **die Anlage, -n** *hier:* alle Gebäude eines Altenheims zusammen – **reizvoll** attraktiv – **der Übergang, ⁼e** Wechsel – **die Erstbelegung** *hier:* der Einzug der ersten Bewohner des Heims – **behaglich** gemütlich – **erproben** ausprobieren – **koppeln** verbinden – **aussparen** weglassen – **verpachten** jdm etw gegen Bezahlung zur Nutzung überlassen – **die Weinstube, -n** Gaststätte, in der vor allem Wein angeboten wird – **ein Viertele** ein Viertelliter Wein – **buchen** vorbestellen

Übung zum Hörverständnis

a) Sie hören den Text zweimal. Lesen Sie vor dem ersten Hören die folgenden Behauptungen! Entscheiden Sie nach dem Anhören:
Welche Aussagen sind richtig (r), welche sind falsch (f)?

	r	f
1. In diesem Hörtext geht es um das Thema „Pflegeheime in Baden-Württemberg".	☐	☐

2. Der Hörtext zeigt, daß in Baden-Württemberg viel auf dem Sektor Altenheime getan wird.

r   f

□   □

3. Diese Sendung ist nicht sehr kritisch, eher informativ.

□   □

b) Lesen Sie die folgenden Behauptungen, bevor Sie den Text zum zweiten Mal anhören. Sie hören ihn abschnittweise. Beim Abspielen des Bandes kreuzen Sie an, was richtig (r) oder falsch (f) ist.

1. Die Bevölkerung Baden-Württembergs hat zwischen 1974 und 1977 um 7,3 Prozent zugenommen. □ □
2. In Baden-Württemberg gibt es genügend Heimplätze und Pflegebetten. □ □
3. Es gibt keine menschenunwürdigen Heime mehr, aber immer noch welche mit 6-Betten-Zimmern. □ □
4. Nur reiche Leute können sich den Luxus eines Wohnstifts leisten. □ □
5. Das Lindheim ist ein sehr kleines Heim. □ □
6. Es ist modern und mit allem Komfort eingerichtet, denn dort werden Kranke gepflegt. □ □
7. Der interviewte Bewohner des Lindheims nennt mehr als drei Vorteile gegenüber den Heimen, die im Grünen liegen. □ □
8. Die Heimleiterin leidet sehr unter dem zu engen Kontakt mit den Heimbewohnern. □ □
9. Der Straßenlärm ist für alle Bewohner ein großes Problem. □ □
10. Das Lothar-Christmann-Heim besteht aus einem Altenwohnheim, Altenheim und Pflegeheim. □ □
11. Jeder Bewohner kann unter bestimmten Umständen ins Pflegeheim aufgenommen werden, wenn er krank ist. □ □
12. Die ersten Bewohner kamen aus anderen Heimen. □ □
13. Die Wohnatmosphäre ist leider zu modern und deshalb ungemütlich. □ □
14. In das Alten- und Pflegeheim können die Bewohner alle ihre Möbel mitnehmen. □ □
15. Die Stadt Stuttgart hat gerade ein Pflegeheim fertiggestellt, an das Altenwohnungen angeschlossen sind. □ □
16. In diesem neuen Heim sollen die Leute, die gepflegt werden müssen, zunächst in Wohnungen versorgt werden. □ □
17. Der Sprecher findet es gut, daß sich alte Leute, die in Heimen wohnen, mit solchen, die von außerhalb kommen, treffen können. □ □

Übung zum Wortschatz

Erklären Sie:

Altersheim, Altenheim, Altenwohnheim, Wohnstift, Pflegeheim, Tagesheim, Altenbegegnungsstätte.

Fragen zur Diskussion

1. Aus welchen Teilen besteht diese Rundfunksendung?
2. Sie ist in der Bundesrepublik Deutschland gesendet worden. Was ist der Zweck dieser Sendung?
3. Wie beurteilen Sie das, was in der Bundesrepublik mit alten Menschen passiert?
4. Wie beurteilen Sie das, was auf dem Gebiet „Altenheime" getan wird?

Sprechen

I. Sammeln Sie Stichworte zum Thema „Altenheime in der Bundesrepublik Deutschland". Sprechen Sie drei Minuten über dieses Thema.

II. Hören Sie sich den Anfang der Sendung bis ... ‚solange es geht' mehrere Male an; machen Sie sich dabei Stichworte. Sprechen Sie den Text des Sprechers anhand der Stichworte möglichst wörtlich nach. Achten Sie dabei auf gute Aussprache.

RANDGRUPPEN

Wenn man im „Knast" sitzt . . .   33

„Wir leben hier nicht, wir werden gelebt", sagt A. G., ein langjähriger Gefangener der Strafanstalt Straubing. „Man weckt uns, bringt uns das Essen, schließt uns die Zelle auf, führt uns zur Arbeit, läßt uns auf den Hof, führt uns zurück, bringt das Essen, schließt die Zelle ab. Der Mensch wird im Knast
5 zum stumpfen Werkzeug gemacht." Zwischen sechs Uhr morgens und zehn Uhr abends tagaus, tagein, Jahr für Jahr der gleiche vorgeschriebene Trott, unterbrochen nur alle vier Wochen von einem kurzen Besuch „von draußen" – falls jemand kommt. „Wohnklo mit Schlafgelegenheit" nennen die Gefangenen ihre Zellen, in denen Beamte dafür sorgen, daß nichts privat
10 bleibt. Denn es könnte doch einer versuchen, in seiner Zelle Unerlaubtes zu verstecken.

Außer dem Verlust der Freiheit erleidet der Gefangene Hunderte von Nebenstrafen, die nirgendwo im Strafgesetz stehen, von der sexuellen Not bis zur Zerstörung der Familie. Die im Gefängnis vorgeschriebene Arbeit, Relikt
15 früherer Jahrhunderte, empfinden die Gefangenen als das Allerschlimmste. Für den Achtstundentag erhalten sie 1,50 bis 2,50 Mark, in seltenen Fällen etwas mehr, bei guter Leistung eine Monatsprämie von zehn bis fünfzig Mark. Der Staat hingegen kassiert für die Arbeit der Strafgefangenen fast normale Preise.

20 „Diese Jahre kann man nie mehr gutmachen." Die Gefangenen fühlen sich ausgebeutet: „Der Staat ist ein Sklavenhalter", sagt N. G. verbittert. Und Richter Siekmann kritisiert, der Gefangene lerne nicht, daß jede Arbeit ihren Lohn habe. „Wie soll sich da Arbeitslust bei ihm entwickeln?" Bekämen die Häftlinge einen Lohn, könnten sie Schulden abzahlen und ihre Familie erhal-
25 ten, die jetzt noch auf die Fürsorge angewiesen ist.

Mitbestraft wird die Familie. Der Kontakt zu ihr hängt an einem dünnen Faden, der oft genug reißt. „Um mich einmal im Monat unter den Augen eines Beamten eine Viertelstunde am Samstag zu sehen, muß meine Frau mit dem Kind 200 Kilometer reisen", stellt C. W. in Werl fest. Eine halbe Stunde
30 Besuchszeit alle vier Wochen ist in den meisten Anstalten die Regel.

Nach: Thomas Ross, *Frankfurter Allgemeine Zeitung*, 21. September 1974

Die Gefängniszelle, das „Wohnklo mit Schlafgelegenheit"

Worterklärungen

der Knast *(ugs) hier:* Gefängnis – **die Strafanstalt, -en** Gefängnis – **die Zelle, -n** *hier:* enger und sehr einfach eingerichteter Raum für Gefangene – **stumpf** *Ggs. zu* ‚spitz' – **Wohnklo mit Schlafgelegenheit** *(iron) für:* eine kleine Zelle, die fast nur aus WC („Klo") und Bett besteht – **empfinden** fühlen – **die Prämie, -n** *-hier:* Sonderzahlung für besonders gute Arbeit – **ausbeuten** jdn zum eigenen Vorteil ausnutzen – **der Sklavenhalter, -** jd, der Sklaven hält, d. h. jd, der sich Menschen für die Arbeit hält, die nicht frei sind, keine Rechte haben, sondern ihm gehören – **die Fürsorge** *hier:* finanzielle Hilfe, die der Staat der Familie des Gefangenen zahlt

Fragen zum Verständnis des Textes

1. Wann und womit beginnt bzw. endet der Tag eines Gefangenen?
2. Wie sieht das Leben der Gefangenen tagsüber aus?
3. Was ist die einzige Abwechslung im Leben der Gefangenen?
4. Warum kümmern sich die Beamten um die Gegenstände in den Zellen?
5. Wird der Gefangene nur durch den Verlust seiner Freiheit bestraft?

6. Wie lange arbeiten die Gefangenen pro Tag? Was verdienen sie dabei?
7. Wie beurteilen sie ihre Arbeit?
8. Was kritisiert Richter Siekmann an dieser Form der Bestrafung?
9. Welchen Vorteil hätte eine normale Bezahlung für den Gefangenen und seine Familie?
10. Welche Schwierigkeiten ergeben sich für die Strafgefangenen im Kontakt mit ihrer Familie?
11. Wie würden Sie sinngemäß die Überschrift vervollständigen?

Übungen zum Wortschatz

I. Was ist richtig? Entscheiden Sie auf der Grundlage des Textes.

1. jdn zum stumpfen Werkzeug machen
   a) jdn stumpf machen
   b) jdn unbrauchbar machen, die Persönlichkeit zerstören
   c) jdm ein Werkzeug geben

2. der gleiche Trott
   a) der gleiche langsame Gang
   b) die gleiche Arbeit
   c) der gewohnte Tagesablauf

3. das Relikt
   a) Reliquie
   b) übriggebliebener Rest
   c) Erbschaft

4. kassieren
   a) Geld an der Kasse bezahlen
   b) Geld aus der Kasse nehmen
   c) Geld einnehmen

5. der Häftling
   a) wer für eine eigene oder fremde Schuld die Verantwortung übernimmt
   b) Arbeiter im Gefängnis
   c) Gefangener

6. angewiesen auf
   a) gezwungen von
   b) abhängig von
   c) einen Befehl erhalten von

7. die Regel sein
   a) geregelt sein
   b) gewöhnlich sein
   c) manchmal so sein

II. Erklären Sie, was mit folgenden Sätzen gemeint ist.

1. „Wir leben nicht, wir werden gelebt". (Z 1)
2. „Wohnklo mit Schlafgelegenheit" nennen die Gefangenen ihre Zellen.
3. „Der Staat ist ein Sklavenhalter". (Z 21)
4. Der Kontakt zu der eigenen Familie hängt an einem dünnen Faden, der oft genug reißt. (Z 26–27)

III. Suchen Sie alle Zusammensetzungen mit ‚Strafe' im Text und erklären Sie die Begriffe.

IV. Suchen Sie im Text Synonyme für: Gefängnis, Gefangener. *Kennen Sie noch andere Wörter dafür?*

Übung zur Argumentation

Nehmen Sie Stellung zu folgenden Thesen. Begründen Sie ihre Meinung.

1. Während seiner Zeit im Gefängnis wird dem Gefangenen keine Möglichkeit gegeben, Verantwortung zu übernehmen und zu entwickeln.

   Pro: Das ist richtig; Das hat leider zur Folge, daß …
   Contra: Dagegen ist zu sagen, daß …

2. Die Gefangenen sollten froh sein, daß sie überhaupt arbeiten dürfen. Deshalb ist ein niedriger Lohn gerechtfertigt.

   Pro: Ich halte es auch für vertretbar, daß …; denn …
   Contra: Da muß ich Ihnen aber widersprechen: …

3. Die Folgen der Gefängnisstrafe: Zerstörung der Familie, sexuelle Not usw. sind unmenschlich.

   Pro: Dem kann ich nur zustimmen. Deshalb sollte meiner Meinung nach …
   Contra: Auf der anderen Seite …

Fragen zur Diskussion

1. Beklagen sich die Gefangenen nicht zu Unrecht? Schließlich sollen sie als Gefangene für ein Verbrechen bestraft werden und nicht etwa ein angenehmes Leben führen. Nehmen Sie Stellung.
2. a) Welches Ziel sollte Ihrer Meinung nach eine Gefängnisstrafe haben? Welches nicht? Nennen Sie Gründe.

b) Wie sollte dieses Ziel erreicht werden? Diskutieren Sie in diesem Zusammenhang die Wohnverhältnisse der Gefangenen, ihren Tagesablauf, die Arbeit im Gefängnis und ihre Bezahlung, die Isolation der Gefangenen und ihre Probleme mit der Familie.
3. Warum werden Menschen kriminell? Liegen die Gründe immer nur in den Personen selbst?

Schreiben

Schreiben Sie einen Leserbrief zu diesem Artikel an die Frankfurter Allgemeine Zeitung. Nehmen Sie zu folgenden Gesichtspunkten Stellung:

1. Man kann eine Gefängnisstrafe bzw. den Strafvollzug ganz allgemein ansehen a) als Bestrafung einer kriminellen Handlung und b) als Weg zur Resozialisierung des Täters, d. h. als Möglichkeit, ihn wieder in die Gesellschaft zurückzuführen.
Suchen Sie Argumente   a) für die erste Zielsetzung
b) für die zweite Zielsetzung
Erklären Sie, welche Art des Strafvollzugs Sie für sinnvoll halten.

2. *Wenn möglich – und wenn es inhaltlich zu dem ersten Teil Ihres Briefes paßt, nehmen Sie auch Stellung zu folgender Frage:*
Welche Möglichkeiten der Resozialisierung eines Straftäters kennen Sie? Geben Sie evtl. auch Beispiele aus dem Strafvollzug in Ihrem eigenen Land.

34

"Wer einmal im Knast war, auf den ist doch kein Verlaß!" *5*

Auch mit Vorurteilen züchtet man Verbrecher. Was der Haftentlassene braucht, ist eine Chance: am Arbeitsplatz, zu Hause, überall. *10* Der neue Anfang ist unendlich schwer. Wenn wir nicht helfen, wird aus einer Strafe ein „lebenslänglich".

Nächstenliebe Deine Sache

Coupon *15*

Ich würde gern helfen. Schicken Sie mir Ihre Vorschläge. Diakonisches Werk, *20* 7000 Stuttgart, Postfach 476

*Girokasse Stuttgart, Kto. 2336040 „Nächstenliebe", Postscheckamt Stuttgart, Kto. 2662-707 „Nächstenliebe", Sie können uns auch gern einen Scheck schicken!

Diakonie

Worterklärungen

der Knast *(ugs) hier:* Gefängnis – **es ist (kein) Verlaß auf ihn** man kann sich (nicht) auf ihn verlassen – **züchten** Pflanzen, Tiere oder Menschen mit bestimmten Eigenschaften herausbilden, *hier:* Menschen in eine bestimmte Richtung erziehen – **der Haftentlassene** jd, der aus der Haft, d. h. dem Gefängnis, entlassen ist – **unendlich** *hier:* sehr – **lebenslänglich** *hier:* Gefängnisstrafe auf Lebenszeit – **Diakonisches Werk** Abteilung der evangelischen Kirche in Deutschland, die sich um soziale Probleme kümmert

Fragen zur Analyse der Anzeige

1. Wer hat diese Anzeige aufgegeben? Welchen Interessen dient sie?
2. An wen wendet sich die Anzeige? Warum?
3. Welches Ziel hat die Anzeige? Vergleichen Sie die Sprechblase mit dem Text!
4. Beschreiben Sie den Mann (besonders das Gesicht und die Haltung). Wodurch unterstützt diese Zeichnung die Aussage der Sprechblase?

Fragen zur Diskussion

1. Welche Schwierigkeiten hat Ihrer Meinung nach der Haftentlassene am Arbeitsplatz bzw. zu Hause?
2. Welches Ziel sollte die Bestrafung einer kriminellen Tat Ihrer Meinung nach haben? Was müßte also im Gefängnis getan werden?
3. Kennen Sie ähnliche Vorurteile gegenüber anderen Randgruppen der Gesellschaft? Wie erklären Sie sich das?

35 Todesstrafe auf Zeit

Junge Leute diskutieren über lebenslange Haft

Ich finde lebenslange Haft unmenschlich. In einigen Fällen mag sie gerecht sein, wenn es beispielsweise um Terroristen geht, die so fanatisch sind, daß sie immer wieder Verbrechen
5 begehen würden. Aber in den meisten Fällen sieht es doch so aus, daß die Lebenslänglichen nach zehn Jahren so zermürbt sind, daß sie ihre Tat sowieso nicht wiederholen würden. Und wenn sie dann nach 25 oder 30 Jahren be-
10 gnadigt werden, sind sie schon so abgestumpft, daß sie sich in das Leben draußen nicht mehr einordnen können. Darum sollten Höchststrafen von 10 bis 15 Jahren festgesetzt und mehr Psychologen zu Rate gezogen werden,
15 die sich während der Haft um die Inhaftierten kümmern.

Susanne Blum, 16 Jahre

Eine lebenslange Haft wird vom Richter für eine Mordtat ausgesprochen. Wer Menschen umbringt, hat die Strafe verdient, auf Lebenszeit kein bürgerliches Leben mehr führen zu dürfen. Wer
20 unmenschlich handelt, sollte auch unmenschlich bestraft werden.

Sabine Dähncke, 16 Jahre

Die lebenslange Haft ist fast genauso schlimm wie die Todesstrafe, so etwa wie ein Tod auf Zeit. Ein Mensch kommt in ein Gefängnis und weiß, daß er da niemals wieder rauskommt, wenn nicht irgendein anderer
25 Mensch kommt und ihn begnadigt. Wenn das nicht unmenschlich ist? Man sollte vielmehr nicht eine lebenslange Haft verhängen, sondern die Strafe relativ zum Alter der Gefangenen festlegen. Wenn einer 30 Jahre alt ist, auf 30 Jahre, wenn einer 50 Jahre ist, vielleicht
30 auf 20 Jahre.

Joachim Becker-Bertau, 13 Jahre

Nach: DIE ZEIT, Nr. 21, 13. Mai 1977

Worterklärungen

die Haft *hier:* Gefängnisstrafe – **jdn zermürben** den Willen und die Widerstandskraft eines Menschen brechen – **jdn begnadigen** *hier:* jdn vor Beendigung der Strafe aus dem Gefängnis entlassen – **abstumpfen** so gefühl- und willenlos werden, daß einem alles egal ist – **sich in etw einordnen** *hier:* sich einer Sache anpassen – **festsetzen** bestimmen, festlegen – **jdn zu Rate ziehen** sich von jdm beraten lassen – **der Inhaftierte, -n** Gefangener

Übung zum Leseverständnis

Tragen Sie in dieses Diagramm die passenden Stellen des Textes ein. Geben Sie dabei die Zeilen an.

Gründe für lebenslange Haft		Gründe gegen lebenslange Haft		Andere Lösungsmöglichkeiten	
Zeile		Zeile		Zeile	

Übung zum Wortschatz

Setzen Sie die fehlenden Endungen und folgende Wörter in den Text ein:

begehen – festsetzen – verhängen – begnadigen – zu Rate ziehen – verdienen – führen – Höchststrafe

Wer ein Verbrechen ...., muß bestraft werden. Welche Strafe der Verbrecher ...., entscheidet das Gericht auf der Grundlage von Gesetz . . . . In besonders schwierig . . . . Fällen werden auch Psychologen . . . . Für jed . . . . Straftat hat das Strafgesetz die zeitlich . . . . Dauer der Strafe . . . . „Lebenslang" – oder „lebenslänglich", wie es in der Umgangssprache heißt – ist die . . . ., seitdem 1949 in der Bundesrepublik Deutschland die Todesstrafe abgeschafft wurde. Paragraph 211 des Strafgesetzbuch . . . . schreibt vor, daß lebenslang . . . . Haft für Mord . . . . wird. Tatsächlich bedeutet das Urteil „lebenslang" für die meisten, daß sie bis zu ihr . . . . Tode im Gefängnis bleiben müssen. Ob dennoch ein zu lebenslang . . . . Haft Verurteilter jemals wieder ein bürgerlich . . . . Leben . . . . kann, hängt davon ab, ob er . . . . wird. Das ist, je nach Bundesland, frühestens nach 18–25 Jahren möglich. Dennoch hat das Bundesverfassungsgericht festgestellt, daß auch ein . . . . . . zu lebenslang . . . . Haft Verurteilt . . . . die Chance bleiben muß, die Freiheit wieder zu erlangen.

Fragen zur Diskussion

1. Welche(s) Argument(e) der Jugendlichen überzeugt (überzeugen) Sie? Wo haben Sie eine andere Meinung?
2. Welche weiteren Argumente können Sie selbst für oder gegen die lebenslange Freiheitsstrafe nennen?

Sprechen in Rollen

Zwei Politiker diskutieren in einer Fernsehdiskussion über das Problem der lebenslangen Freiheitsstrafe. Der eine ist für ‚lebenslang', der andere argumentiert dagegen.

Pro:
1949 wurde in der Bundesrepublik die Todesstrafe abgeschafft. Deshalb brauchen wir unbedingt die lebenslange Freiheitsstrafe, um die Gesellschaft vor Schwerverbrechern zu schützen.

Contra:
(zum Schutz der Gesellschaft nicht notwendig / weder die Todesstrafe noch die lebenslange Freiheitsstrafe können Mordtaten verhindern)
Ich bin überzeugt, daß die lebenslange Freiheitsstrafe zum Schutz der Gesellschaft nicht notwendig ist. **Meines Wissens** können weder die Todesstrafe noch die lebenslange Freiheitsstrafe Mordtaten verhindern.

Übernehmen Sie die Rolle des Gegners der lebenslangen Freiheitsstrafe und
nehmen Sie Stellung wie im obigen Muster.
Hier einige weitere Beispiele, wie Sie Ihre Stellungnahme einleiten können:

Das ist sicher richtig, aber . . .
Da haben Sie leider nicht recht, denn . . .
Meiner Meinung nach . . .
Darauf möchte ich ganz einfach mit der Frage antworten, ob . . .
Das stimmt nicht ganz.
Dazu möchte ich sagen, daß . . .

Pro:
1. 1949 wurde in der Bundesrepublik die Todesstrafe abgeschafft. Deshalb brauchen wir unbedingt die lebenslange Freiheitsstrafe, um die Gesellschaft vor Schwerverbrechern zu schützen.
2. Ein Mensch, der weiß, daß ihn diese Strafe erwartet, wird es sich überlegen, bevor er schießt.
3. Auf alle Fälle ist diese Strafe human. Denn sie zerstört kein Menschenleben wie die Todesstrafe.

4. Ein Mord ist ein schweres Verbrechen. Dieses Verbrechen muß bestraft werden.

5. Es ist leicht, solche Meinungen zu formulieren, wenn man nichts damit zu tun hat. Aber haben Sie schon einmal an die Ermordeten gedacht? Leider können Sie die ja nicht mehr fragen, weil sie tot sind.
6. Was Sie da sagen, ist doch wohl übertrieben und nicht richtig. Viele Lebenslängliche werden doch vorher begnadigt.

Contra:
1. (zum Schutz der Gesellschaft nicht notwendig / weder die Todesstrafe noch die lebenslange Freiheitsstrafe können Mordtaten vermeiden.)
2. (Weder die Todesstrafe noch die lebenslange Freiheitsstrafe haben Morde verhindern können.)
3. (viel grausamer als Todesstrafe: lebendig begraben, enge Zelle, isoliert von der Außenwelt, Leben ohne Ziel und Hoffnung, viele Selbstmordversuche)
4. (nach 15 Jahren Haft kann kein Mörder mehr bereuen / nicht mehr derselbe Mensch / Persönlichkeit verändert.)
5. (Nützt die geistige und seelische Zerstörung des Mörders dem Ermordeten noch etwas? Nicht Ziel der Strafe, den Menschen für immer aus der Gesellschaft zu entfernen / ihm jede Lebenschance zu nehmen.)
6. (je nach Bundesland erst nach 18 bis 25 Jahren/zu spät/Persönlichkeit bereits verändert/der Entlassene kann sich in die Gesellschaft nicht mehr einordnen.)

7. Und wer garantiert dafür, daß der aus dem Gefängnis entlassene Mörder nicht wieder einen Mord begeht?

7. (um das festzustellen, könnte man Fachleute zu Rate ziehen / die Statistik jedenfalls zeigt, daß von den entlassenen Lebenslänglichen nur ganz wenige wieder eine Straftat begehen.)

8. Und was schlagen Sie vor?

8. (die Strafe vom 10. Jahr an jährlich überprüfen.)

36 Zufrieden durch Schafe

Wie junge Leute sich eine eigene Industrie schaffen

☐ Ein Abend im Bauernhof „Burgstall" im Allgäu*: 14 Jugendliche sitzen rund um den Küchentisch und essen Kartoffelsuppe. Einer schiebt seinen Teller beiseite und hebt die Hand: „Also das Arbeitsprogramm von morgen: Da wäre der Traktor zu reparieren, der Stall zu streichen; wer will zum Verkaufs-
5 stand nach Stuttgart, und wer übernimmt nächste Woche den Küchendienst?" Die abendliche Planungskonferenz hat begonnen.

☐ Auf diesem einsamen Allgäuer Bauernhof bei Kempten proben junge Arbeitslose zwischen 18 und 27 Jahren das Leben außerhalb des üblichen Berufskarrieresystems. Weil die Gesellschaft für sie keine sinnvolle Beschäfti-
10 gung hatte, zogen sie sich aufs Land zurück, um bei der Schafzucht Auskommen und Zufriedenheit zu finden.

☐ Ein alter Bauernhof, den keiner mehr wollte, drei geschenkte Schafe und die Aufgabe, die Naturschutzpflege in einem Moorgebiet in der Nähe zu übernehmen, waren die ersten Grundlagen. Mit der Zeit kaufte die Gruppe
15 eine Kuh, reparierte ein altes Backhäuschen zum Brotbacken und baute dann die Schafzucht wieder aus.

☐ Heute gehören 280 Schafe, vier Hunde, eine Katze und zwei Dutzend Hühner zum „Kibbuz" der Arbeitslosen, der immer neue Bewerber anzieht. Ein Schlosser, ein Schreiner, ein Chemielaborant und eine Erzieherin, alle vier

* Gegend in Süddeutschland, östlich vom Bodensee

114

Beim Hüten der Schafherde

20 ohne Zukunftschancen im erlernten Beruf, sind der Kern der Genossenschaft. Danach kam Marion, eine Goldschmiedin, die keinen Arbeitsplatz
finden konnte, – Monika, eine Werbefotografin, die dem Einfluß der Verlok-
kungsindustrie entgehen wollte, – und Hans, der eigentlich Psychologie studieren sollte, aber wegen der Numerus-clausus-Hürde aufgab. Ihnen folgte
25 der kaufmännische Lehrling Dick, der durch einen schweren Verkehrsunfall
den Anschluß an seine Ausbildung verloren hatte, – Waltraud, eine Germanistikstudentin, die wegen der großen Zahl arbeitsloser Akademiker jedes Wei-
terlernen für sinnlos hielt und ihr Studium abbrach, – und Bernhard, der Automechaniker, der lieber mit einem Traktor auf dem Feld hart arbeitet als teu-
30 re Autos zu reparieren.

☐ Die „Genossenschaft" plant mit lebenslänglichen Perspektiven. Wenn die
Gruppe größer geworden ist, soll ein weiterer Hof gepachtet, eine alte Spinnerei gekauft und eine Arbeitsgemeinschaft mit den Schäfern der Umgebung
gegründet werden: Denn die Gruppe hat herausgefunden, daß über 90% der
35 hiesigen Rohwolle zu einem extrem niedrigen Preis exportiert wird. Die Ver-
arbeitung lohnt sich nicht wegen des hohen Stundenlohns. Ihre Wolle ist gefragt. Sie verkaufen sie auf den Wochenmärkten der weiteren Umgebung und
schicken sie per Post ins Haus. Die Einnahmen aus dem Verkauf der Schaf-
wolle kommen in die gemeinsame Kasse.

40 Die Nachbarn waren zunächst skeptisch. Inzwischen finden die jungen
☐ Leute aber Anerkennung. „Das sind welche, die was schaffen und nicht nur
schwätzen", sagt ein Bauer im nächsten Dorf.

Nach: Brigitte Zander, *Die Zeit,* Nr. 53, 23. Dezember 1977

115

Worterklärungen

proben *hier:* versuchen, ausprobieren – **das Berufskarrieresystem** *gemeint ist:* wer in unserer Gesellschaft Erfolg haben will, muß einen bestimmten Beruf ergreifen und in diesem Beruf Karriere machen – **die Schafzucht** *Nomen zu ‚züchten'* = Tiere (*hier:* Schafe) mit bestimmten Eigenschaften herausbilden; *das erreicht man, indem man bei der Fortpflanzung bestimmte Elternpaare auswählt* – **das Auskommen** ausreichendes Einkommen – **die Naturschutzpflege** alles, was dazu dient, die Tier- und Pflanzenwelt zu schützen – **das Moorgebiet** Landschaft mit dunkelbraunem nassen, weichen Boden – **der Kibbuz** landwirtschaftliches Kollektiv in Israel – **die Genossenschaft, -en** mehrere Personen, die wegen gleicher wirtschaftlicher Interessen eine gemeinsame Institution bilden – **die Verlockungsindustrie** Werbung, die den Menschen zum Kaufen verführt, animiert (= *verlockt*) – **die Numerus-clausus-Hürde** *hier:* die Schwierigkeit, nur mit einem bestimmten guten Notendurchschnitt zum Studium an der Universität aufgenommen zu werden – **den Anschluß verlieren** *hier:* wegen der Unterbrechung die Ausbildung nicht beenden können – **das Studium abbrechen** mit dem Studium aufhören – **pachten** gegen Bezahlung etw übernehmen, um Nutzen daraus zu ziehen und etw damit zu verdienen – **die Spinnerei** Fabrik, die Fäden, z. B. für Wolle, herstellt – **die Rohwolle** noch nicht verarbeitete Wolle – **Anerkennung finden** respektiert werden

Übung zum Leseverständnis

Lesen Sie den Text und ordnen Sie folgende Überschriften den entsprechenden Abschnitten zu. Tragen Sie vor jedem Abschnitt im Text den passenden Buchstaben ein. Welche Überschriften bleiben übrig?

A. Die jungen Leute können sich nicht über die Verteilung der Aufgaben einigen.

B. Aus Haß auf die Gesellschaft haben sich die Jugendlichen von unserer Gesellschaft abgewandt.

C. Nach bescheidenen Anfängen ging es langsam voran.

D. Wenn jeder genügend verdient hat, wird er wieder in das normale bürgerliche Leben zurückkehren.

E. Gemeinsam wird jeden Abend der Plan für die Arbeiten am nächsten Tag besprochen.

F. Fast alle Jugendlichen auf dem Bauernhof hatten keine Aussichten in ihrem Beruf.

G. Die Mitglieder des Bauernhofs haben große Pläne für die Zukunft.

H. Trotz anfänglichen Mißtrauens werden die Jugendlichen von ihren Nachbarn heute anerkannt.

I. Weil sie arbeitslos waren, versuchten die Jugendlichen, ihren Lebensunterhalt mit der Schafzucht auf dem Land zu verdienen.

K. Es lohnt sich für die Jugendlichen, Wolle zu verkaufen.

Übungen zum Wortschatz

I. Suchen Sie aus dem Text alle Wörter und Wendungen, die sich auf die Arbeit der Jugendlichen auf dem Bauernhof beziehen.

II. Suchen Sie aus dem Text die Wörter und Wendungen, die sich auf Schwierigkeiten mit dem Beruf oder dem Studium beziehen.

III. Welche der Tätigkeiten in folgendem Schema passen zu den im Text genannten Berufen? Schreiben Sie die Berufe in das Schema.

a) Schlosser b) Schreiner c) Chemielaborant d) Erzieherin e) Goldschmiedin f) Werbefotografin g) Psychologe h) kaufmännischer Lehrling i) Germanistikstudentin j) Automechaniker k) Bauer

Tätigkeit	Beruf
1. Holz bearbeiten, Tische, Stühle, Türen herstellen	. . . .
2. Chemische Stoffe im Labor auf ihre Zusammensetzung, d. h. auf die Teile, aus denen sie bestehen, überprüfen	. . . .
3. Menschen mit seelischen Schwierigkeiten beraten, seelische Krankheiten behandeln	. . . .
4. Motoren reparieren, Schäden am Auto ausbessern	. . . .
5. Werkzeug machen, Eisenteile bearbeiten	. . . .
6. In der Universität Seminare und Vorlesungen über deutsche Sprache und Literatur besuchen	. . . .
7. Waren bestellen, Preise kalkulieren	. . . .
8. Edelmetalle, besonders Gold bearbeiten, Ketten, Ringe und feine Gebrauchsgegenstände herstellen	. . . .
9. Säen, pflügen, ernten, Viehzucht treiben	. . . .
10. Sich um Kinder in Kinderheimen bzw. Schulen mit Internaten kümmern, z. B. mit den Kindern spielen, ihnen bei den Hausaufgaben helfen usw.	. . . .
11. Im Auftrag von Firmen oder Agenturen Fotos zu Reklamezwecken machen	. . . .

Fragen zur Diskussion

1. Warum haben Monika, die Werbefotografin, und Bernhard, der Automechaniker, ihr bisheriges Leben aufgegeben?
2. Sind die Mitglieder dieses Bauernhofs Romantiker, die von einem natürlichen Leben träumen? Geht es ihnen nur darum, „bei der Schafzucht Auskommen und Zufriedenheit zu finden"?
3. Wie ist es zu erklären, daß dieser Bauernhof „immer neue Bewerber anzieht"?
4. Könnten Sie sich ähnlich wie diese Jugendlichen entscheiden? Warum (nicht)?

37 Die Streetworker

Vom Versuch einer Straßensozialarbeit

Ein kalter Wind weht von Nordost. In „Teddy's Mandelbude" zählt die Verkäuferin die Tageseinnahme. Bei „Pötzschens Autoscooter" dreht ein junger Mann ganz allein seine Runden. Aus dem „Paulaner"-Bierzelt kommt ein Betrunkener mit unsicheren Schritten. Münchner Oktoberfest. Joe knöpft seine
5 Lederjacke zu, zündet sich eine Zigarette an, blickt in das von Neonreklamen erhellte Dunkel. Feierabend? Nicht für Joe, den Streetworker: „Hab im Gefühl, da tut sich noch was."

Plötzlich tauchen sie aus dem Dunkel auf, rücken Schritt für Schritt gegeneinander vor, warten nur, daß jemand den Anfang macht. Es sind Jugendli
10 che, kaum älter als zwanzig, Deutsche, Griechen, Türken. Schwarze Lederjacken, schwarze Lederhosen, schwarze Stiefel – „Rocker". Einer hält einen Eisenknüppel in der Hand, ein anderer droht mit einem leeren Bierglas, ein dritter schlägt zu, ein vierter zurück. Das Bierglas trifft sein Ziel, eine Brille geht kaputt. Blut tropft auf den Boden. Aus der Ferne sind Martinshörner zu
15 hören. Irgend jemand hat die Polizei angerufen – die Schlägerei endet so plötzlich, wie sie begonnen hat.

Für Joe beginnt Routinearbeit: die Polizeibeamten davon überzeugen, daß „alles noch ganz harmlos" gewesen sei, aggressive Typen beruhigen, damit es nicht doch noch Ärger mit der Polizei gibt, Pflaster austeilen, einen Notver-

Für viele Jugendliche im Münchener Stadtteil Schwabing ist der Streetworker Joe so et-
was wie ein Vater.

20 band machen. Als die Polizisten wieder weg sind, kommt „Grusel"-Poldi zu
Joe. Eben noch der starke Mann, jetzt kleinlaut, aus Mund und Nase blutend,
erzählt er, daß man ihn entlassen hat, und fragt Joe, ob er ihm keine Arbeit besorgen könne.

Am nächsten Mittag sitzt Joe in der Zentrale der Streetworker und macht
25 Schreibtischarbeit. Die Zentrale, das ist ein kleines Büro mit zwei einfachen
Räumen daneben, gemietet vom Münchner Jugendamt. Vom Staatsanwalt
kommt ein Stoß Vernehmungsprotokolle von Jugendlichen. Joe sieht sich die
Akten an, prüft, wem er helfen kann. Von der Polizei kommt die Bitte, nach
einem von zu Hause ausgerissenen Mädchen zu suchen. Eine Mutter ruft an,
30 weil ihr Sohn seit drei Wochen wegen einer Schlägerei in Untersuchungshaft
sitzt. Zwei griechische Jugendliche fragen nach, wie sie ihre Aufenthaltserlaubnis verlängern können. Am späten Nachmittag taucht „Grusel"-Poldi
auf, fragt, wie es mit der neuen Stelle sei. Joe kann ihm Hoffnung machen.

35 Seit vier Jahren verbringt Joe, 35, der eigentlich Hans Dieter Pfeffer heißt, den größten Teil seiner Arbeitszeit auf Straßen, in Diskotheken, auf Rummelplätzen. Warum? „Jugendliche haben Angst vor Ämtern und Behörden. Wir dürfen nicht erwarten, daß sie mit ihren Problemen zu uns kommen. Wir müssen zu ihnen, wenn wir ihnen wirklich helfen wollen."

40 Acht Sozialarbeiter und ein Diplom-Psychologe sind vom Münchner Jugendamt als „Streetworker" eingesetzt. Es ist ein Modellversuch, importiert aus den Slums amerikanischer und englischer Großstädte, wo Jugendbanden und Jugendkriminalität längst ein Dauerproblem sind. Ein Versuch, mit anderen Methoden gegen das Rockertum vorzugehen, als sie Münchens General-

45 staatsanwalt fordert: „Diesen Schlägern muß hart und unnachgiebig gegenübergetreten werden. Nachgiebigkeit und Milde gegenüber den Tätern finden bei der Bevölkerung kein Verständnis." Joe wird böse, wenn er das hört: „Die sogenannten Rocker sind im Grunde nur arme Kerle. Es sind Jugendliche, die ein gestörtes oder gar kein Zuhause haben und von denen viele

50 nun auch noch arbeitslos sind. Durch zu große Härte werden die doch nur noch tiefer in die Kriminalität getrieben."

Nach: Niels Kummer, *Stern,* Gruner + Jahr, Hamburg, Nr. 42, 6. Oktober 1977

Worterklärungen

Die Tageseinnahme, -en *hier:* das Geld, was an einem Tag verdient wurde – **eine Runde drehen** im Kreis herumfahren – **das Oktoberfest** Münchner Volksfest im Herbst – **der Feierabend, -e** Zeit nach Arbeitsschluß (gewöhnlich der späte Nachmittag und Abend) – **auftauchen** *hier:* plötzlich erscheinen – **der Knüppel, -** Stock, der zum Schlagen verwendet wird – **das Martinshorn, ̈er** akustisches Warnsignal von Krankenwagen, Polizeiautos usw. – **harmlos** ungefährlich, friedlich – **„Grusel"-Poldi** *der Name soll ausdrücken, daß sein Träger (Poldi) Angst und Schrecken verbreitet; sich gruseln =* fürchterliche Angst haben – **kleinlaut** *hier:* nicht mehr so großsprecherisch wie vorher – **das Jugendamt, ̈er** städtische Behörde, die sich um besondere Probleme von Kindern und Jugendlichen kümmert – **der Staatsanwalt, ̈e** juristischer Beamter, der im öffentlichen Interesse vor Gericht jdn wegen einer kriminellen Handlung anklagt – **das Vernehmungsprotokoll, -e** Protokoll der Befragung vor Gericht oder bei der Polizei – **von zu Hause ausreißen** unerlaubt sein Elternhaus verlassen – **die Untersuchungshaft** jd, der angeklagt ist, eine größere kriminelle Tat begangen zu haben, wird vor Beginn des Gerichtsprozesses im Gefängnis gehalten – **der Rummelplatz, ̈e** Vergnügungspark mit Karussells – **unnachgiebig** dem andern nicht entgegenkommend – **die Milde** *Ggs.* hartes, unnachgiebiges Verhalten

Fragen zum Verständnis des Textes

1. Was sind a) ‚Rocker' b) ‚Streetworker'?
2. Wo befindet sich Joe?
   Was machen die Personen, die er dort sieht?
3. Warum macht Joe trotz Kälte und Dunkelheit nicht Feierabend?
4. Wer sind die Rocker? Wie sind sie gekleidet?
5. Was passiert bei der Schlägerei?
6. Aus welchem Grund hören die Rocker plötzlich auf zu kämpfen?
7. Wie erreicht es Joe, daß es keinen Ärger mit der Polizei gibt?
8. Warum ist „Grusel"-Poldi plötzlich so still? Was will er von Joe?
9. Wo arbeitet Joe am nächsten Mittag?
10. Mit welchen Problemen beschäftigt er sich?
11. Warum gehen die Streetworker auf die Straße?
12. Woher kommt die Idee der Straßensozialarbeit? Warum gerade von dort?
13. Was sind nach Joes Meinung die Ursachen für das Verhalten der Rokker?

Übungen zum Wortschatz

I. Erklären Sie auf Grund der Wortbildung und des Kontextes:

1. Bierzelt (Z 3) 2. Lederjacke (Z 5) 3. Neonreklame (Z 5) 4. Routinearbeit (Z 17) 5. Notverband (Z 19–20) 6. Schreibtischarbeit (Z 25) 7. Aufenthaltserlaubnis (Z 31–32) 8. Jugendkriminalität (Z 43) 9. Dauerproblem (Z 43)

II. Setzen Sie die fehlenden Verben in der passenden Form ein.

a) drehen, b) eingesetzt sein, c) besorgen, d) treiben, e) treffen, f) überzeugen, g) sich erkundigen, h) gegenübertreten, i) enden, j) verlängern

1. Ein junger Mann . . . . bei „Pötzschens Autoscooter" seine Runden.
2. Einer droht mit einem leeren Bierglas und wirft. Das Bierglas . . . . sein Ziel.
3. Die Schlägerei . . . . so plötzlich, wie sie begonnen hat.
4. Joe will die Polizisten davon . . . . , daß alles harmlos gewesen sei.
5. „Grusel"-Poldi bittet Joe, ihm eine Arbeit zu . . . .
6. Zwei griechische Jugendliche . . . . , wie sie ihre Aufenthaltserlaubnis . . . . können.

7. Acht Sozialarbeiter und ein Diplom-Psychologe .... vom Münchner Jugendamt als „Streetworker" ....
8. Münchens Generalstaatsanwalt fordert, den Schlägern hart und unnachgiebig ....
9. Joe meint, durch zu große Härte würden die Rocker nur noch tiefer in die Kriminalität ....

Fragen zur Diskussion

1. Wie beurteilen Sie Joes Verhalten gegenüber den Polizisten?
2. Charakterisieren Sie „Grusel"-Poldi. Warum ist er wohl typisch für die meisten Rocker?
3. Diskutieren Sie die gegensätzlichen Meinungen von Joe und dem Generalstaatsanwalt. Welche Methoden halten Sie für besser? Warum?
4. Was wissen Sie über die Jugendkriminalität in Ihrem Land? Gibt es Parallelen zum Rockertum? Gibt es ähnliche Versuche wie die der Streetworker?
5. Wie erklären Sie sich, daß auch ausländische Jugendliche zu den Rockern in Deutschland gehören?

Sprechen in Rollen

Sie sind Polizist und vernehmen (befragen) „Grusel"-Poldi. Fragen Sie ihn

- *nach seinem Namen, Alter und Arbeitsplatz,*
- *wo und wann er von der Polizei verhaftet wurde,*
- *ob er an der Schlägerei aktiv beteiligt war,*
- *welche Rolle er dabei gespielt hat,*
- *was im einzelnen dort passiert ist,*
- *ob er verletzt wurde,*
- *wie er sich sein aggressives Verhalten erklärt* usw.

Wählen Sie einen Gesprächspartner aus der Gruppe, der Ihnen antwortet.

Von Pennern und Promille

Der folgende Text handelt von der Randgruppe der ‚Nichtseßhaften'. Was sich hinter dieser offiziellen Bezeichnung versteckt, scheint klar: damit sind Menschen gemeint, denen man es ansieht, daß sie keine Wohnung haben. Sie schlafen auf Parkbänken im Freien, in Übernachtungsheimen, den sogenannten Asylen, und in noch unfertigen Neubauten. Sie waschen sich nicht und tragen schmutzige Kleidung. Ihr Wohnsitz ist die Straße, dort trinken sie ihr Bier und billigsten Wein aus großen Flaschen. Unsere seßhafte Gesellschaft hat eine Reihe von Namen für sie bereit: Penner, Landstreicher, Tippelbrüder.

5

Ungefähr die Hälfte der seit längerer Zeit Nichtseßhaften in der Bundesrepublik Deutschland ist zwischen 30 bis 50 Jahre alt, doch zeigt die Statistik, daß der Anteil der unter 30 Jahre alten Landstreicher immer mehr zunimmt.

10

Die langbeinige Blondine macht einen weiten Bogen um den Heruntergekommenen. Dennoch riecht sie seine Bierfahne. „Irgendwie hatte ich Angst", sagt sie hinterher.

15 Der 30jährige, nichtseßhafte Richard K. hat sich daran gewöhnt, daß man ihm, dem „Penner" und „Landstreicher" aus dem Wege geht. Er kann das sogar verstehen – so wie er daherkommt. Jede Mark gibt er für Alkohol aus. Die Bierflasche ist sein Lebensinhalt, obwohl er irgendwie fühlt, „daß die Sauferei auf die Dauer schief geht".

20 Bergab ging's mit dem Maurer Richard K., als ihm seine Inge mit einem anderen davonlief. Unter der Scheidung von seiner Frau, die er immer noch liebt, litt er sehr. Abends, in Bars und Kneipen, versuchte er seinen Kummer im Alkohol zu vergessen. Ein schwerer Kopf am nächsten Morgen, Zuspätkommen und schlechte Arbeit auf dem Bau waren das Ergebnis. Bald verlor *25* der einst zuverlässige Handwerker seine Stelle und stand auf der Straße.

So und ähnlich verläuft das Leben der etwa 70 000 Männer, die in der Bundesrepublik dauernd unterwegs sind. Von diesen Nichtseßhaften gelten über 10 000 als chronische Alkoholiker, die übrigen als stark alkoholgefährdet. Krieg und Flucht, Tod der Eltern oder eines Elternteils, Gefängnis oder *30* Scheidung – dies sind die Ursachen, die Männer aus dem normalen Leben einer „seßhaften" Gesellschaft warfen.

Haben sie sich erst einmal an das Wandern von Asyl zu Asyl, von Pfarrhaus zu Pfarrhaus, von Behörde zu Behörde gewöhnt, sinkt die Hoffnung auf ein normales Leben immer mehr. Eine Sozialarbeiterin spricht es aus: „Sie haben *35* einfach Angst, es nicht zu schaffen, wenn sie eine Aufgabe übernehmen, sie haben Angst, danach durch ihre Umgebung geächtet zu werden." Dabei wollen die meisten von ihnen festen Boden unter die Füße bekommen, aber sie haben verlernt, selbständig ihre Zukunft zu planen. Richard K. hatte Glück. Ein Sozialarbeiter erzählte ihm von einem Heim der Inneren Mission von *40* Oberbayern, das sich nur um junge Nichtseßhafte kümmert. Dort leben sie in einer Gruppe von elf jungen Leuten, alle zwischen 18 und 30 Jahre alt, alle mit einer Erfahrung: der Straße. Wer will, kann in diesem Heim eine abgebrochene Lehre beenden oder Schulabschlüsse nachholen. Sozialpädagogen helfen bei der Arbeitsplatzsuche. Sie führen regelmäßig Einzel- oder Gruppen- *45* gespräche, in denen versucht wird, die Vergangenheit aufzuarbeiten. Dabei haben sie immer ein Ziel im Auge: sich selbst durch ihre Arbeit mit der Zeit überflüssig zu machen. Die jungen Männer sollen lernen, wieder in der Gesellschaft Fuß zu fassen. Dazu gehört, daß sie ihr Leben selbständig planen.

50 Das fängt schon bei kleinen Dingen an. In den freundlichen Räumen stehen zwar Bett und Schrank. Alles andere ist jedoch der Eigeninitiative des Bewohners überlassen. Ob er sich in der hauseigenen Werkstatt einen Tisch zusammenbaut oder irgendetwas bastelt, entscheidet er allein. Um die Selbstverantwortung zu fördern, gibt es auch keine strenge Hausordnung. Die Lei- *55* ter des Heims wollen den jungen Männern dort keine heile, isolierte Welt bie-

124

ten. Denn – so ist ihre Meinung – nur wer gelernt hat, mit dem Alltag fertig zu werden, wirft nicht beim ersten Problem alles hin und verschwindet.

Nach: Günter Dehm, *Deutsches Allgemeines Sonntagsblatt*, 22. August 1977 und Dagmar Reim, *Deutsches Allgemeines Sonntagsblatt*, 19. Dezember 1976

Worterklärungen

(das) Promille, - ein Tausendstel, *hier:* Maß für die Alkoholmenge im Blut – **der Heruntergekommene, -n** jd, der auf einen (gesundheitlich, moralisch, wirtschaftlich) schlechten Zustand gesunken ist – **die Kneipe, -n** einfache Gaststätte, in der hauptsächlich Bier angeboten wird – **das Pfarrhaus** Wohnung des religiösen Leiters in einer Gemeinde – **der Kummer** Sorgen, seelischer Schmerz – **jdn ächten** *hier:* aus der Gesellschaft ausschließen – **die Innere Mission** Verein der evangelischen Kirche, der besonders Menschen in Not hilft – **etw aufarbeiten** *hier:* mit einem Problem aus der eigenen Vergangenheit fertig werden, indem man darüber spricht und so dessen Ursachen besser verstehen lernt – **sich überflüssig machen** alles tun, damit man nicht mehr gebraucht wird – **es ist der Eigeninitiative überlassen** es hängt von jdm selbst ab, was passiert – **etw fördern** etw positiv beeinflussen, indem man es unterstützt – **die heile Welt** ein Leben ohne Probleme und Konflikte

Übungen zum Leseverständnis

I. Bei den folgenden Sätzen gibt es immer drei Erklärungen. Nur eine davon ist jeweils richtig. Welche? – Welche Erklärungen sind falsch? Entscheiden Sie aus dem Zusammenhang des Textes.

1. Die Frau **macht einen weiten Bogen um ihn.** (Z 12)
   a) Sie macht eine tiefe Verbeugung.
   b) Sie sieht ihn von weitem und geht in seine Nähe.
   c) Sie geht in einiger Entfernung um ihn herum.
2. **Er hat eine Bierfahne.** (Z 13)
   a) Er trägt eine Fahne, um für Bier Reklame zu machen.
   b) Er riecht sehr stark nach Bier.
   c) Weil er zuviel Bier getrunken hat, bewegt er sich wie eine Fahne im Wind.
3. Er fühlt irgendwie, **daß die Sauferei auf die Dauer schief geht".** (Z 18–19)
   a) Er fühlt irgendwie, daß er die Welt schöner sieht, als sie ist.
   b) Er fühlt irgendwie, daß er zum Schluß nicht gerade stehen kann.
   c) Er fühlt irgendwie, daß er durch das viele Trinken ein schlechtes Ende haben wird.

4. **Bergab ging's mit ihm,** als ihm seine Frau davonlief. (Z 20)
   a) Sein Zustand verschlechterte sich, als . . .
   b) Sein Zustand verbesserte sich immer mehr, als . . .
   c) Sein Leben änderte sich sehr, als . . .
5. Die meisten Nichtseßhaften wollen wieder **festen Boden unter die Füße bekommen.** (Z 36–37)
   a) Sie wollen wieder weiter wandern.
   b) Sie suchen einen Weg, auf dem sie besser wandern können.
   c) Sie wollen wieder eine sichere Existenzgrundlage, z. B. einen Beruf und irgendwo eine feste Wohnung haben.
6. **Sie haben es verlernt,** selbständig ihre Zukunft zu planen. (Z 38)
   a) Sie denken nicht daran.
   b) Sie können es nicht mehr.
   c) Sie haben es auf die falsche Weise gelernt.
7. Sie sollen lernen, wieder **in der Gesellschaft Fuß zu fassen.** (Z 47–48)
   a) Sie sollen lernen, wieder in der Gesellschaft leben zu können.
   b) Sie sollen lernen, die Gesellschaft zu ihrem eigenen Vorteil auszunützen.
   c) Sie sollen lernen, wieder Geld zu verdienen.

II. Finden Sie Überschriften zu jedem der Abschnitte.

Hier ist ein Beispiel für den ersten Abschnitt:
1. Die Leute gehen dem „Penner" aus dem Wege.

Übung zum Wortschatz

Erklären Sie auf Grund der Wortbildung:

langbeinig (Z 12), alkoholgefährdet (Z 28), hauseigen (Z 52)

Fragen zur Diskussion

1. Hätte Ihrer Meinung nach Richard K. die Scheidungskrise auch anders lösen können? Wie erklären Sie sich sein Verhalten?
2. Warum wird es mit der Zeit immer schwieriger, Nichtseßhafte wieder in die Gesellschaft zu integrieren?
3. Wie beurteilen Sie die Bemühungen um junge Nichtseßhafte im Heim der Inneren Mission?

4. Berichten Sie in einem kurzen Vortrag über das Problem der Nichtseßhaften in Ihrem Heimatland. Gibt es Parallelen (Unterschiede) zur Bundesrepublik Deutschland?

Obdachlose ⌒⌒   39

Worterklärungen

kein Dach über dem Kopf haben *(ugs)* keine Unterkunft haben – **einem Zustand anheimfallen** in einen bestimmten Zustand kommen, aus dem heraus man sich kaum mehr befreien kann – **das Wohnlager, -** vorläufige Unterkunft in primitiven Holzhäusern *(Baracken)* – **die Fürsorgeunterkunft, ⁻e** sehr einfache Wohnung, die der Staat für arme Leute gebaut hat – **der Wohnblock, ⁻e** mehrere zusammengebaute Mietshäuser – **einkommensschwach** *jd hat ein sehr niedriges Einkommen* – **der (die) Alleinstehende, -n** nicht verheiratet bzw. ohne Unterstützung von Verwandten – **mietwidriges Verhalten** *jd tut Dinge, die im Gegensatz zu seinen Pflichten als Mieter stehen: Mietbewohner durch großen Lärm stören, Dinge beschädigen usw* – **der soziale Brennpunkt, -e** *hier:* Mittelpunkt sozialer Probleme – **umreißen** *hier:* beschreiben – **massiert** in verstärkter Weise – **die Lebensbewältigung** *Nomen zu: das Leben bewältigen* = mit den Schwierigkeiten des Lebens fertigwerden – **betreuen** sich kümmern um – **das Sozialamt** Behörde, die für soziale Fragen und Probleme verantwortlich ist – **anheben** erhöhen – **beheben** beenden – **die Siedlung** zusammenstehende Gruppe von Häusern – **degradieren** auf eine tiefere Rangstufe stellen

Übung zum Hörverständnis

a) Welche Aussagen sind richtig (r), welche sind falsch (f)?
Sie hören den Text zweimal. Lesen Sie die folgenden Behauptungen nach dem ersten Anhören und kreuzen Sie dabei die richtigen Lösungen an.

1. Der gehörte Text bringt
   a) Interviews mit Nichtseßhaften,
   b) Informationen über Obdachlose in Obdachlosenunterkünften.
2. Es geht dabei um die Frage,
   a) ob sie an ihrem Schicksal selbst schuld sind,
   b) welche Probleme sie haben und welche Anstrengungen das Sozialamt macht, um ihnen zu helfen.

Unzureichende Wohnverhältnisse in einer Obdachlosensiedlung in Köln

3. Der Text zeigt, daß
   a) sie in keinem Fall wieder in die Gesellschaft eingegliedert werden kön-
      nen,
   b) es schwer für sie ist, den Weg ins normale Leben wieder zu finden, da in
      der Bevölkerung ihnen gegenüber viele Vorurteile existieren.

b) Lesen Sie vor dem zweiten Anhören die folgenden Behauptungen. Beim Ab-
spielen des Bandes kreuzen Sie an, welche Aussagen auf der Grundlage des Tex-
tes richtig (r), welche falsch (f) sind. (Sie hören den Text abschnittweise.)

	r	f
1. Als Obdachlose bezeichnet man nicht nur die Stadt- und Landstreicher, die nachts unter freiem Himmel schlafen, sondern auch die Bewohner von Fürsorgeunterkünften.	☐	☐
2. Die Obdachlosen wohnen auch heute noch in Baracken und Wohnlagern.	☐	☐
3. Die Frau, die in der Fürsorgeunterkunft interviewt wird, hat drei Kinder.	☐	☐
4. Die Wohnung besteht aus drei großen Zimmern mit Küche.	☐	☐

5. Für die 42 Quadratmeter große Wohnung zahlt sie über DM 100,— Miete. □ □
6. Die Wohnung besitzt kein Badezimmer. Die Frau hat die Badewanne selbst gekauft. □ □
7. Das Badewasser muß auf dem Ofen warm gemacht werden. □ □
8. In der Küche wird gewaschen und gespült, weil es nur dort Wasser gibt. □ □
9. Die Frau lebt dort völlig unbeobachtet von den Nachbarn. □ □
10. Bei den Bewohnern von Fürsorgeunterkünften handelt es sich meistens um ärmere Familien mit vielen Kindern. □ □
11. Es gibt keine Einzelpersonen in Fürsorgeunterkünften. □ □
12. Besonders in der Nähe großer Städte gibt es zahlreiche Obdachlose. □ □
13. Wenn den Obdachlosen nicht geholfen wird, werden auch die Kinder der Obdachlosen kein normales Leben führen können. □ □
14. Die Sozialarbeiter, die von der Stadt Stuttgart in Notunterkünfte geschickt wurden, kümmern sich besonders intensiv um die Kinder. □ □
15. Der Leiter des Sozialamtes Stuttgart glaubt, daß die augenblickliche Sozialarbeit genügt und man mit der Wohnsituation in den Fürsorgeunterkünften zufrieden sein kann. □ □
16. Es gibt Familien, die schon jahrzehntelang in Fürsorgeunterkünften leben. □ □
17. Obdachlosensiedlungen bieten ihren Bewohnern Schutz: die Menschen dort haben mehr Verständnis füreinander und helfen sich eher als in den normalen Wohngebieten. □ □
18. Obdachlosensiedlungen haben aber auch den Nachteil, daß die Bewohner wie in einem Getto von der übrigen Bevölkerung abgeschlossen sind. □ □
19. Die Bewohner der Obdachlosensiedlungen wollen sich von Anfang an von der übrigen Bevölkerung isolieren. □ □
20. Die Rückkehr in ein normales Leben ist schwer. Häufig begegnet ihnen das Vorurteil, daß sie aus einer Fürsorgeunterkunft kommen. □ □
21. Kindern von Obdachlosen merkt man es fast nie an, woher sie kommen. □ □

Fragen zur Diskussion

1. Warum ist die Obdachlosigkeit gerade für die betroffenen Kinder und Jugendlichen besonders schlimm? Wie könnten Staat und Gesellschaft ihnen helfen?
2. Stellen Sie sich vor, Sie seien Hausbesitzer. Würden Sie einer Obdachlosenfamilie eine Wohnung vermieten?
3. Nehmen Sie Stellung zu der Aussage: „Wer kein Geld hat oder im Unglück ist, ist selbst daran schuld."

40 Karriere im Rollstuhl

Unter den rund 61 Millionen Einwohnern der Bundesrepublik Deutschland gibt es ungefähr fünf Millionen mit Behinderungen, d. h. körperlichen, geistigen und seelischen Schäden. Ihre Zahl wächst ständig. Mehr als 300 000 Männer und Frauen müssen Jahr für Jahr nach Verkehrsunfällen, Unfällen am Arbeitsplatz
5 *oder zu Hause oder durch Krankheit ihren Beruf aufgeben. Ihnen soll durch Rehabilitation geholfen werden: aufeinander abgestimmte medizinische, pädagogische, berufliche und soziale Hilfen. Doch auch der eigene Wille ist notwendig, damit sich der Behinderte in das berufliche und gesellschaftliche Leben wieder eingliedert.*

10   Der Diplom-Mineraloge Dr. Volko Walther war auf dem Weg nach oben – beruflich und privat. Die Firma Zeiss schulte ihn für den Posten eines technischen Direktors, mit seiner Freundin schmiedete er Heiratspläne. Und um körperlich fit zu bleiben, kletterte er auf Berge. „Ich war sehr karrierebewußt", sagt er heute.

15   Eine Zehntelsekunde hat das Leben von Volko Walther total verändert. Ein Kopfsprung in einen Swimmingpool – und der vitale Mann war querschnittsgelähmt. Er war mit dem Kopf auf den Boden des Schwimmbeckens aufgeschlagen und vom sechsten Halswirbel an gelähmt. Das Gesundheitsamt bescheinigte ihm hundertprozentige Arbeitsunfähigkeit.

20   Doch Dr. Walther, 36, wurde wieder eine vollwertige Arbeitskraft. Er ist heute Abteilungsleiter bei Zeiss. Ein Einzelfall. Denn die meisten der rund 35 000 deutschen Querschnittsgelähmten sind auf den guten Willen ihrer Mit-

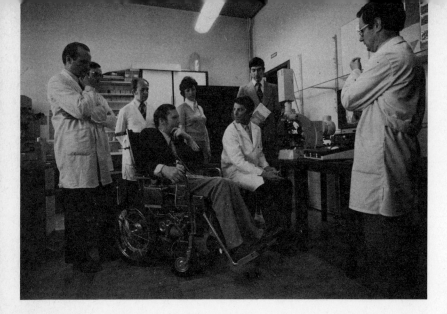

Dr. V. Walther ist heute Abteilungsleiter bei Zeiss; seine Meinung: „Wir müssen uns selber helfen, um aus den Gettos rauszukommen."

menschen angewiesen, wenn sie nach Krankenhaus und Rehabilitation in den Alltag entlassen werden und einer Beschäftigung nachgehen wollen. Sie
25 haben kaum eine Chance, eine Arbeit zu finden, denn es besteht häufig das Vorurteil, daß ein Querschnittsgelähmter keine volle Arbeit leisten könne. Daß die allgemeine schlechte Arbeitsmarktlage in der Bundesrepublik ihre Aussichten auf eine Arbeitsstelle noch zusätzlich erschwert, liegt auf der Hand. Aber auch ganz banale Barrieren im Betrieb stehen den Hilflosen
30 buchstäblich im Wege: Sie kommen nicht über Treppen, erreichen keine Türgriffe oder leiden unter dem Mangel an leicht erreichbaren Toiletten.

Der lebenslang an den Rollstuhl gefesselte Dr. Walther entging diesem Schicksal, er hatte großes Glück. Seine Firma sagte, er sei der richtige Mann, um die Abteilung „Technische Information" zu leiten. Außerdem blieb seine
35 Freundin bei ihm. Sie wurde später sogar seine Frau.

Frau Walther zog jeden Morgen ihren Mann an, versorgte ihn und brachte ihn pünktlich in die Firma. Wenn Dr. Walther dann auf seinem Chefsessel, einem Rollstuhl mit Motor saß und über Telefon seinen Mitarbeitern die Tagesorder gab, fühlte er sich zufrieden: „Ich bin kein Sozialfall, sondern ein
40 Steuerzahler."

Zufrieden mit dem Mann, der seine Anweisungen vom Keller aus gibt, da er die Chefetage mit dem Rollstuhl nicht erreicht, ist auch der Arbeitgeber. Sein Chef: „Er ist für uns eine vollwertige Arbeitskraft, auf die wir nicht verzichten können."

131

45 Ihm blieb also das Schicksal erspart, das Tausende seiner Leidensgenossen ertragen und das Walther so darstellt: „In vielen Heimen siechen Körperbehinderte dahin oder werden aggressive Trinker."

Nach: Peter B. Born, *Stern,* Gruner + Jahr, Hamburg, Nr. 35, 18. August 1977

Worterklärungen

der Rollstuhl, -̈e Stuhl auf Rädern für Kranke, die nicht gehen können – **jdn für etw schulen** ausbilden – **fit** gesund, in guter Kondition – **querschnittsgelähmt** *der Körper des Menschen und vieler Tiere hat als zentrale Stütze die Wirbelsäule mit den Wirbeln (das sind einzelne miteinander verbundene Knochen); im Inneren der Wirbelsäule liegt das Rückenmark mit wichtigen Nerven; wird dieses an einer bestimmten Stelle, dem Rückenmarksquerschnitt, unterbrochen, dann sind die Körperteile unterhalb dieser Stelle gelähmt, d. h.* bewegungsunfähig – **der Halswirbel, -** einer der Wirbel, die zwischen Brustwirbelsäule und Kopf liegen – **der Arbeitsmarkt** Angebot und Nachfrage von Arbeitskräften – **die Barriere, -n** Hindernis – **buchstäblich** im direkten Sinne der folgenden Worte – **jdn fesseln** jdn anbinden – **jdn versorgen** für alles Nötige sorgen, das jd braucht – **jdm eine Order, eine Anweisung geben** jdm sagen, welchen Auftrag er erledigen muß – **der Sozialfall** jd, der auf die Hilfe des Staates angewiesen ist – **dahinsiechen** lange Zeit sehr schwer krank sein und zuletzt sterben

Übungen zum Leseverständnis

I. Fragen zum Text

1. Geben Sie den Sinn der Überschrift mit eigenen Worten wieder.
2. Um welches allgemeine Problem geht es in dem Text?
3. Unterstreichen Sie alle Stellen, die allgemeine Informationen zu diesem Problem geben, in rot.
4. Unterstreichen Sie die Stellen, die Informationen über seine Tätigkeit als technischer Direktor geben, in blau.
5. Unterstreichen Sie alle Sätze im Text, die Sie zur Darstellung der wichtigsten Punkte im Leben des Dr. Volko Walther und seiner Situation für notwendig halten. (Überschneidungen mit Aufgabe 3 und 4 sind möglich.)

II. Was ist mit den folgenden Aussagen gemeint? Achten Sie besonders auf die fettgedruckten Wörter.

1. Er war **auf dem Weg nach oben** – beruflich und privat. (Z 10)
2. Ich war sehr **karrierebewußt.** (Z 13–14)

3. Das Gesundheitsamt **bescheinigte** ihm **hundertprozentige Arbeitsunfähigkeit.** (Z 18–19)
4. Die meisten Querschnittsgelähmten sind **auf den guten Willen** ihrer Mit-
   menschen **angewiesen.** (Z 22–23)
5. Daß die schlechte Arbeitsmarktlage ihre **Aussichten** auf eine Arbeitsstelle
   zusätzlich erschwert, liegt auf der Hand. (Z 27–29)
6. Ganz **banale** Barrieren **stehen** den Hilflosen **im Wege.** (Z 29–30)

Übungen zum Wortschatz

I. -isch, -lich oder -ig?

körper . . . ., seel . . . ., medizin . . . ., pädagog . . . ., beruf-
. . . ., gesellschaft . . . ., techn . . . ., hundertprozent . . . .,
vollwert . . . ., zusätz . . . ., buchstäb . . . ., lebensläng . . . .,
richt . . . ., pünkt . . . .

II. -s- oder nicht?

a) Arbeit . . . . kraft, ... stelle, ... geber,
. . . . platz, ... nehmer, ... unfähigkeit,
. . . . markt, ... loser
b) Abteilung . . . . leiter, Steuer . . . . zahler, Zehntel . . . . sekunde, Quer-
   schnitt . . . . gelähmter, Leiden . . . . genosse, Kopf . . . . sprung, Gesundheit . . . . amt, Kranken . . . . haus, Chef . . . . sessel

Fragen zur Diskussion

1. Welche Probleme würden entstehen, wenn Frau Walther sich von ihrem
   Mann scheiden ließe?
2. Was könnte der Staat (das Arbeitsamt), der Betrieb, der einzelne Mitbür-
   ger tun, um dem Behinderten zu helfen?
3. Gebäude, Verkehrsmittel, Wohnungen sind oft nicht „behindertenfreund-
   lich". Welche Änderungen sind notwendig?
4. Kennen Sie Menschen, die behindert sind? Berichten Sie.

Sprechen in Rollen

Bei einer Einladung von Freunden treffen Sie Herrn Dr. Volko Walther.
Unterhalten Sie sich mit ihm und fragen Sie ihn
– seit wann er querschnittsgelähmt ist und wie es dazu kam,

- *wie sein Leben vor seiner Behinderung war,*
- *wie sein Leben sich beruflich und privat geändert hat,*
- *wie er dieses Leben beurteilt usw.*

Wählen Sie einen Gesprächspartner aus der Gruppe, der Ihnen antwortet.

41 Behinderte im Alltag ∞

Zur Vorbereitung des Textes

Von staatlicher Seite versucht man in der Bundesrepublik Deutschland auf verschiedene Weise den Behinderten zu helfen. So gibt es z. B. bei den Arbeitsämtern eine besondere Vermittlungsstelle, die Behinderten hilft, eine Arbeit zu finden. Auch gibt es ein Gesetz, nach dem mittlere und größere Firmen 6 Prozent der Arbeitsplätze mit Schwerbehinderten besetzen müssen.

Worterklärungen

sich im Alltag zurechtfinden mit den Schwierigkeiten des täglichen Lebens fertigwerden – **sich auf etw einstellen** sich richten nach, sich anpassen – **den Kopf hängen lassen** mutlos, ohne Hoffnung sein – **die Einstellung** *hier:* Meinung – **der Pflegebedürftige, -n** jd, der gepflegt werden muß – **berufliche Umschulung, -en** Ausbildung für einen neuen anderen Beruf – **der Angelpunkt** *hier:* Punkt, von dem alles ausgeht – **der gesundheitlichen Einschränkung entsprechend** im Verhältnis dazu, wie schwer die Behinderung ist – **einen Arbeitsplatz nachgewiesen erhalten** eine Arbeit angeboten bekommen – **der Zuschuß** Geldsumme, die zusätzlich gezahlt wird – **ausstatten** *hier:* mit besonderen Geräten einrichten – **die Maßnahme, -n** Handlung mit besonderem Zweck, *hier:* zum Zweck der Förderung der Arbeitsaufnahme – **sich von etw freikaufen** Geld bezahlen, um eine bestimmte Pflicht nicht erfüllen zu müssen – **jdm einen Vorwurf machen** bei jd sich über etw beklagen – **der Appell** *hier:* der Anruf – **ermessen** sich vorstellen – **der Erblindete, -n** jd, der blind geworden ist – **beschützende Werkstätten (pl.)** besondere Werkstätten für Behinderte – **vermindern** kleiner werden – **der Arbeitsbereich, -e** das Arbeitsgebiet – **die Versandabteilung, -en** Abteilung, die Waren verpackt und verschickt – **jdn mit einer Arbeit betrauen** jdm den Auftrag geben, eine Arbeit zu erledigen

Übung zum Hörverständnis

a) Welche Aussagen sind richtig (r), welche sind falsch (f)?
Sie hören den Text dreimal. Lesen Sie vorher die folgenden Behauptungen und kreuzen Sie nach dem ersten Anhören die richtigen Lösungen an. (Es können auch mehrere Lösungen sein.)

1. Der gehörte Text ist
   a) ein Interview mit zwei Behinderten und einem Vertreter einer staatlichen Stelle,
   b) eine Reportage, in der die Aussagen eines Behinderten und zweier Vertreter staatlicher Stellen von einer Sprecherin und einem Sprecher kommentiert werden.
2. Es geht dabei um die Frage,
   a) wie die Behinderten selbst mithelfen können, um wieder ins Berufsleben eingegliedert zu werden,
   b) wie der Staat den Behinderten durch Arbeitsamt und beschützende Werkstätten hilft,
   c) unter welchen Vorurteilen Behinderte leiden müssen

b) Lesen Sie vor dem zweiten Anhören die folgenden Fragen. Sie hören den Text abschnittsweise. Beantworten Sie nach jedem Abschnitt die entsprechende Frage.

1. In welchem Alter ist der Querschnittsgelähmte?
2. Wie lange ist er schon querschnittsgelähmt?
3. Wie lange arbeitet er schon an seinem jetzigen Arbeitsplatz?
4. Wie übt er seine Tätigkeit aus?
5. Was mußte er seinen Arbeitskollegen klarmachen? War das leicht?
6. Worum bemüht sich die Vermittlungsstelle des Arbeitsamtes?
7. Was muß bei der Arbeitsvermittlung berücksichtigt werden?
8. Wie versucht das Arbeitsamt, dem Arbeitgeber dabei zu helfen?
9. Welche gesetzlichen Vorschriften bestehen für die Firmen? Wie werden sie erfüllt?
10. Wo befindet sich die Werkstatt für Behinderte, von der Peter Semrau berichtet?
11. Wieviele Behinderte arbeiten dort? Um welche Behinderungen handelt es sich? Nennen Sie wenigstens zwei.
12. Welche Arten von Arbeiten werden dort außer den rein mechanischen gemacht? Nennen Sie wenigstens zwei.

c) Lesen Sie vor dem dritten Anhören der Sendung die folgenden Fragen. Machen Sie sich während des Abspielens Notizen. Beantworten Sie dann die Fragen schriftlich.

1. Wie zeigt der Querschnittsgelähmte, daß er auch nach der Arbeit große Energie hat? Warum tut er das?
2. Unter welchen Umständen werden Pflegebedürftige mittleren Alters in Alterspflegeheimen untergebracht? Warum gerade dort? Gibt es dort viele solcher Fälle?
3. Wie wird im allgemeinen versucht, Schwerbehinderte wieder ins normale Leben zu integrieren? Nennen Sie wenigstens zwei Hilfsmaßnahmen.
4. Wodurch erklärt es sich, daß viele Behinderte resignieren? Nennen Sie mindestens drei Gründe.

Fragen zur Diskussion

1. Welche Fehler machen oft gesunde Menschen gegenüber Körperbehinderten?
2. Welche Rolle spielt der Sport für Körperbehinderte?